AF599646

Cuaderno de trabajo de mindfulness para adolescentes

Habilidades poderosas para encontrar la calma, desarrollar la autocompasión y aumentar la resiliencia

Patricia Rockman, MD
Allison McLay, DCS
M. Lee Freedman, MD

Cuaderno de trabajo de mindfulness para adolescentes

Habilidades poderosas para encontrar la calma, desarrollar la autocompasión y aumentar la resiliencia

Desclée De Brouwer

The Mindful Teen Workbook.
Powerful skills to find calm, develop self-compassion
& build resilience

New Harbinger Publications, Inc.Oakland, California. USA
This edition is published by arrangement with
New Harbinger Publications through International Editors & Yáñez Co' S.L.

Traducción: Fernando Montesinos Pons

Henao, 6 - 48009 Bilbao
www.edesclee.com
info@edesclee.com

ISBN: 978-84-330-3248-5
Depósito Legal: BI-01571-2023
Impresión: Grafo S.A. - Basauri

Para Tita Angangco. Su visión y su compromiso por hacer que el mindfulness *sea accesible a todas las personas sentaron las bases para que escribiéramos este libro.*

Patricia Rockman
Allison McLay
M. Lee Freedman

Índice

Introducción: ¿Por qué este cuaderno de trabajo de mindfulness para adolescentes

El mindfulness se ha popularizado, pero ¿a qué se debe todo este alboroto y por qué hemos decidido elaborar un cuaderno de trabajo para adolescentes? Para los jóvenes, el hecho de descubrir lo que tiene que ofrecer el mindfulness presenta desafíos y oportunidades particulares. Puede que el hecho de permanecer quieto y meditar no sea el modo más accesible o atractivo para que algunos jóvenes desarrollen las habilidades y las actitudes del mindfulness. Por suerte, hay otras formas de aprender las habilidades y actitudes del mindfulness que pueden ser útiles para tratar la confusión, el estrés y el entusiasmo propios de esta etapa de la vida.

¿Cómo funciona esto? El mindfulness te ayuda a comprender tu propia experiencia –tanto la agradable como la difícil–. Este es un proceso de exploración que implica aprender a trabajar con tu atención de un modo particular para que puedas dirigirla como y cuando quieras. Las prácticas y los ejercicios de este libro te proporcionan herramientas para comprender y gestionar los pensamientos, las emociones y los comportamientos de modo que no te controlen. Escribir tus respuestas a los ejercicios te ayudará a aclarar tus pensamientos, a tener una mejor perspectiva, a recordar lo que has aprendido y a ver que tú no eres tus pensamientos. La conciencia o la comprensión que obtengas en el proceso te permitirán elegir mejor cómo responder.

Desarrollar estas herramientas de mindfulness puede hacer que te resulte más fácil asimilar los hechos asombrosos cuando suceden, manejar las situaciones estresantes con más resiliencia y fortalecer tus relaciones. Dado que te encuentras en un período de gran crecimiento y desarrollo, este es un buen momento para hacer cambios positivos en tu forma de interactuar contigo mismo y con los demás.

Las ideas de este cuaderno de trabajo surgieron de los programas para jóvenes que desarrollamos a través del Centre for Mindfulness Studies en Toronto, donde nos dimos cuenta de que era necesario un nuevo enfoque. Esperamos involucrarte con ideas, actitudes y ejercicios de mindfulness y que adoptes una actitud de descubrimiento y exploración. El cuaderno de trabajo presenta actividades y prácticas reflexivas centradas en la conciencia y en los sentidos, en el cerebro como amigo o enemigo, en los estados de ánimo y mentales difíciles, en la elección de la respuesta en vez de la reacción, en el desarrollo de la resiliencia y en la relación consciente con los demás y con el mundo. Esperamos que este sea un viaje útil y que te anime a seguir aprendiendo y creando una vida consciente.

P. D.: Si eres una persona adulta –un profesional de la ayuda interesado en usar este cuaderno de trabajo con los adolescentes que forman parte de tu vida–, puedes descargar una guía gratuita sobre el mejor modo de emplear este material en un marco grupal en

https://www.edesclee.com/colecciones/amae/cuaderno-de-trabajo-de-mindfulness-para-adolescentes

1
Un comienzo consciente

El mindfulness es una habilidad, una forma de ser que te ayuda a conocer tu mundo interior. La conciencia plena te permite vivir con más alegría y hacer frente a las dificultades de la vida de una forma más adaptativa que usando las estrategias poco útiles que solemos emplear para afrontar los problemas, especialmente cuando nos vemos abrumados. El mindfulness consiste en tomar conciencia de tu experiencia momento a momento sin pasar un mal rato. Aprendes a poner tu atención allí donde quieres, en vez de dirigirla a todas partes sin pensar. El mindfulness es un proceso activo que promueve la resiliencia y favorece el bienestar. Aunque requiere práctica, puede aprenderse y te brinda más opciones sobre cómo vivir una vida más amable y comprometida.

Práctica 1 Conocer tu mundo interior

Qué debes saber

El mindfulness es un superpoder. Nos ayuda a prestar atención a lo ordinario de forma extraordinaria. Ser capaces de dirigir nuestra atención hacia donde queramos por medio del mindfulness aumenta nuestras opciones sobre lo que queremos hacer, si es que queremos hacer algo. Esta habilidad puede ayudarnos a afrontar los estresores de la vida con más resiliencia. Antes de adentrarnos en el tema, nos será de ayuda entender qué es y qué no es el mindfulness. Así pues, ¿qué es el mindfulness?

- El mindfulness consiste en entrenar tu atención para que puedas entrar en sintonía con el mundo exterior a través de los sentidos. Esta sintonía te permite conectar verdaderamente contigo mismo, con los demás y con el mundo que te rodea.
- Es una habilidad que puede ayudarnos a detectar y describir nuestros pensamientos, nuestras emociones, nuestras sensaciones corporales y nuestras acciones o impulsos (incluso los que no nos gustan) para que podamos llegar a conocer mejor nuestro mundo interno. Al fin y al cabo, el conocimiento es poder.
- Es también una herramienta que nos ayuda a ver cómo nuestra mente tiene vida propia, cómo se queda atrapada en la preocupación, en la planificación, en el pasado, en el pensamiento repetitivo y en muchas otras cosas.
- Nos ayuda a afrontar estados mentales, emocionales y físicos difíciles y a saber cuándo estamos por encima de nuestra capacidad para gestionarlos. Puede ayudar a evitar que nos abrumemos.

Ahora que ya sabes un poco sobre lo que es el mindfulness, veamos lo que no es.

- El mindfulness no tiene que ver con la relajación (aunque puede consistir en crear más tranquilidad) ni con encontrar la felicidad.
- No se trata de evitar las cosas que no nos gustan distrayéndonos.

- No se trata de sentarse en un cojín o respirar con los ojos cerrados, aunque esto puede formar parte de la práctica. Tampoco es una religión.

El mindfulness consiste, pues, en despertar a la vida en vez de caminar sonámbulo por ella. Nos ayuda a prestar atención a lo que ocurre en cada momento, en vez de quedarnos atrapados en las historias que nos contamos a nosotros mismos, de reaccionar y de agobiarnos. ¿A quién no le gustaría ser más abierto, ver las cosas con más claridad y, tal vez, sentir más alegría? Esto es lo que puede conseguirse con la práctica de mindfulness.

El mindfulness ayudó a Amanda a abrirse a los miedos que tenía:

> *Cuando era más pequeña, unos niños me metieron un gusano por la espalda. Después de eso, siempre me asustaron los bichos asquerosos, los gusanos, las ranas, los ratones y otras pequeñas criaturas que se arrastran, que vuelan o que saltan. En una ocasión, durante una práctica de* mindfulness, *vi una pequeña rana arbórea marrón. Estaba sentada en la hierba, ocupándose de sus cosas. Aunque yo estaba nerviosa, decidí prestarle atención y sentir una verdadera curiosidad por ella, conocerla explorando su forma, su color, su tamaño y su movimiento. Se quedó quieta. Estaba tranquila, así que la cogí. Sorprendentemente, la rana no mostró ningún miedo. Se quedó en mi mano mientras yo la sostenía y la miraba durante un buen rato. Me di cuenta de que no me daba ningún miedo. Solo era una rana. Al cabo de un rato, la solté con cuidado y la dejé ir. El* mindfulness *me ayudó a ir más allá de las historias que me había estado contando y a ver esas criaturas de una forma nueva.*

Ahora que tienes una idea más clara de lo que es y lo que no es el mindfulness, vamos a probar esta primera práctica para ver cómo funciona.

Qué puedes probar

Tómate cinco minutos para descubrir qué sucede dentro y fuera de ti; puedes programar un temporizador si así lo deseas. Siéntate o túmbate. Ponte cómodo y cierra los ojos del todo o mantenlos entreabiertos con una mirada suave y desenfocada (puedes hacer esto en muchas prácticas del libro). Comprueba lo que notas en tu cuerpo. ¿Qué sensaciones aparecen? ¿Puedes ponerles nombre –por ejemplo, presión, tensión, relajación–? ¿Qué sonidos oyes, si es que los hay? ¿Son fuertes, suaves, cercanos, lejanos, agudos o graves? En caso de tener los ojos abiertos, ¿qué ves? ¿Observas colores, formas, patrones? ¿Notas olores a tu alrededor? ¿Son agradables o desagradables, o no detectas ningún olor en particular? ¿Surgen pensamientos en forma de imágenes? ¿En forma de frases? ¿Alguna emoción? Estas suelen describirse, por lo general, con una sola palabra –alegría, tristeza, furia, miedo, aburrimiento, asco...–. ¿Qué quieres hacer –impulsos–, si es que quieres hacer algo? Intenta detectar qué ocurre en esas partes de tu mundo interior y exterior y anótalo cuando acaben los cinco minutos.

Sensaciones corporales: ______

Sonidos, imágenes, olores: ______

Pensamientos: ______

Emociones: ______

Impulsos: ______

¿Qué has aprendido al escribir esto, si es que has aprendido algo?

______

______

______

______

______

______

¡Vamos a probar con otro!

Qué más puedes probar

Prestar atención de forma consciente a lo que sucede en tu mundo interior es una habilidad útil. Ofrece información que puede ayudarte a averiguar lo que necesitas o podrías querer hacer en una situación dada. Veamos un par de ejemplos en los que puedes poner en práctica esta habilidad.

Cierra los ojos y piensa en un momento en el que te sintieras verdaderamente furioso. Intenta ver todos los detalles de la experiencia. No hace falta que escribas la situación. Limítate a recordarla y céntrate en lo que estabas pensando. ¿Qué emociones surgieron? ¿Qué sensaciones aparecieron en tu cuerpo y qué hiciste al respecto?

En una escala del 1 (muy difícil) al 10 (extremadamente fácil), valora lo fácil que te ha resultado detectar tus pensamientos, tus emociones y tus sensaciones corporales.

Pensamientos

Muy difícil Extremadamente fácil

1 ______________________________ 10

Emociones

Muy difícil Extremadamente fácil

1 ______________________________ 10

Sensaciones corporales

Muy difícil Extremadamente fácil

1 ______________________________ 10

Vuelve a cerrar los ojos y piensa en un momento en el que tuvieras que hacer o aprender algo y te sintieras tranquilo o en un estado bastante bueno. ¿En qué estabas pensando? ¿Qué emociones aparecieron? ¿Cómo se sintió tu cuerpo y qué hiciste? Ahora, pon todo esto por escrito.

En una escala del 1 (muy difícil) al 10 (extremadamente fácil), valora lo fácil que te ha resultado detectar tus pensamientos, tus emociones y tus sensaciones corporales.

Pensamientos

Muy difícil Extremadamente fácil

1 ______________________________ 10

Emociones

Muy difícil Extremadamente fácil

1 ______________________________ 10

Sensaciones corporales

Muy difícil Extremadamente fácil

1 ______________________________ 10

Comprueba si hay alguna diferencia entre lo que notaste cuando estabas tranquilo y lo que advertiste cuando estabas angustiado. ¿Te resultó más fácil o más difícil detectar algún determinado aspecto de las experiencias (pensamientos, emociones, sensaciones corporales)? A veces no es tan fácil saber qué ocurre en nuestro mundo interior. Se vuelve más fácil con la práctica.

¿Por qué podría ser útil desarrollar esta habilidad? Escribe qué piensas a continuación.

Qué más puedes probar

En esta actividad, aprenderás a dirigir deliberadamente tu atención a una sensación corporal concreta: las sensaciones de la respiración. Cuando tu mente divague o tu atención se aleje, esta práctica habitual de mindfulness te permitirá advertir dónde se dirige tu atención automáticamente. Puedes entender, en tiempo real, cómo funciona la mente. Llegas a conocer sus «hábitos» y tomas conciencia de las sensaciones corporales, de los pensamientos y de las emociones que van y vienen. Toda esta información resulta de gran utilidad para conocer tu mundo interior. Cuando percibes el movimiento de la atención y la traes constantemente de vuelta a las sensaciones de la respiración, también estás aprendiendo a estar a cargo de tu atención.

Prueba esta breve práctica de respiración consciente y observa lo que notas. Tal vez descubras que no es tan fácil prestar atención a propósito; aun así, permanece con la atención aunque tengas que redirigirla una y otra vez de vuelta a la respiración. Puede que te sientas frustrado, distraído, inquieto o de muchas otras formas. Advertir cuándo se desplaza tu atención es tan importante como devolverla a las sensaciones de la respiración. Todo forma parte de lo que puedes aprender sobre tu mundo interior, al mismo tiempo que entrenas tu cerebro para prestar atención.

Algunas personas pueden sentirse abrumadas o incómodas con las prácticas de la respiración. Si este es tu caso, puedes detener la práctica o usar otra ancla para tu atención, como las sensaciones en las manos o en los pies.

Puedes seguir estas instrucciones básicas por escrito. Una vez que te familiarices con ellas, serás capaz de guiarte tú mismo por la práctica, usando tal vez el temporizador de tu teléfono para saber cuándo han pasado cinco o diez minutos de práctica.

- Ponte cómodo, ya sea acostado o sentado con la espalda erguida y los pies en el suelo, en una postura alerta pero relajada. Cierra los ojos por completo si te resulta cómodo, o mantenlos entreabiertos con una mirada suave y desenfocada. Toma conciencia de todo tu cuerpo, desde la cabeza hasta los pies.

- Dirige ahora tu atención a las sensaciones de la respiración. No pienses en la respiración, sino en las sensaciones del cuerpo al inspirar y al espirar. Encuentra el lugar donde sientes esas sensaciones con mayor claridad. Puede ser en las fosas nasales, en el pecho y la caja torácica o en el vientre. Elige ese lugar y centra tu atención en él.
- Siente curiosidad por esas sensaciones. ¿Puedes permanecer con ellas durante una inspiración y una espiración completas, o más? ¿Puedes ser realmente preciso a la hora de advertir las sensaciones? Puedes tomar conciencia de cómo fluye el aire por las fosas nasales, de cómo se expande el cuerpo o se elevan el pecho o el vientre al inspirar, y de cómo retroceden al espirar.
- Tal vez descubras que la atención se desplaza o se aleja de las sensaciones de la respiración de forma automática –hacia los sonidos, hacia el pensamiento o hacia otras sensaciones corporales; quizás acompañada de emociones, de reacciones, de una autocharla o de autojuicios–. Este desplazamiento es normal y resulta muy útil advertirlo. Tan solo tienes que reconocer adónde ha ido la atención y, suavemente, sin juzgarte ni caer en la autocharla, devolverla a las sensaciones de la respiración en el lugar del cuerpo que hayas elegido.
- Intenta practicar simplemente prestando atención a las sensaciones de la respiración durante unos minutos, dirigiendo la atención allí tantas veces como sea necesario cuando esta se desplace a otra cosa.
- Cuando estés listo, o el temporizador llegue a su fin, vuelve a expandir tu atención a una sensación de todo tu cuerpo, y reoriéntate a tu entorno.

Puede ser difícil guiarse a uno mismo. Una forma de hacerlo es mantener en mente la estructura de la práctica: postura (1 minuto), respirar, volver a la respiración (una y otra vez durante 4 minutos), sentir todo el cuerpo (1 minuto), fin.

Anota en las siguientes líneas cualquier cosa que hayas advertido durante esta práctica de conciencia de la respiración.

Es útil saber qué está pasando en tu mundo interior, porque esta información te ayuda a hacer mejores planes y a tomar mejores decisiones. La conciencia plena no consiste sino en ver tu mundo interior con claridad, y la mejor manera de descubrir cómo funciona es practicar. Al empezar, puede ser bueno planificar qué cambios te gustaría conseguir con la conciencia que estás desarrollando, y eso es lo que vamos a hacer a continuación.

Práctica 2 Crear tus intenciones

Qué debes saber

Tus intenciones establecen una dirección e implican el compromiso de participar en las prácticas y en los ejercicios de este cuaderno de trabajo, y de hacerlo en tu vida diaria. ¿Cuáles son tus razones para comprometerte en este aprendizaje? ¿Qué te gustaría que fuera diferente o mejor? Por ejemplo, puede que quieras tener mejores relaciones, sentirte menos estresado o preocuparte menos. Pensar en tus intenciones y ponerlas por escrito puede servirte de guía y ayudarte a mantener el rumbo.

Hacer que tus intenciones sean concretas (descriptibles), pequeñas y expresarlas en términos positivos puede hacer que sean manejables y que tengas más probabilidades de cumplirlas. Por ejemplo, si quieres sentirte menos estresado, puedes pensar qué cambiaría si estuvieras más tranquilo. Este enfoque es válido para la práctica de mindfulness y para cualquier otra cosa que intentemos hacer o aprender.

Qué puedes probar

Escribe lo que esperas conseguir aprendiendo mindfulness. Puedes volver a la Práctica 1 para repasar sus beneficios, entre los que se incluyen ser capaz de gestionar emociones difíciles, ser menos reactivo y disfrutar más de la vida, para nombrar algunos.

El mindfulness es tanto una habilidad como una práctica. Cuando aprendemos algo nuevo, a menudo nos enfrentamos a desafíos. Estos desafíos forman parte del proceso de aprendizaje. Ser capaz de detectarlos y de aprender a trabajar con ellos puede ayudar a que no te desanimes. Anota cualquier preocupación o dificultad que puedas tener al realizar las prácticas de este cuaderno de trabajo y cómo podrías responder a ellas.

Menciona algunos puntos fuertes y apoyos que te ayuden con tus objetivos.

Qué más puedes probar

Si tienes dificultades para decidir lo que quieres conseguir con la práctica de mindfulness, prueba a cerrar los ojos, respira hondo unas cuantas veces e imagina qué habrá cambiado cuando hayas terminado con el cuaderno de trabajo.

¿Cómo sabrás que vas por buen camino?

¿Qué tipos de pensamientos y emociones esperas tener?

Dedica unos minutos a imaginarte a ti mismo durante el día. ¿Qué ves que ocurre?

Si te gusta expresar tus ideas visualmente, dedica unos minutos a dibujar qué sucederá cuando uses el mindfulness en tu vida diaria.

2
¿Qué ocurre ahora?

La mayor parte del tiempo reaccionamos de forma automática a lo que se nos presenta, sin ser conscientes de lo que ocurre dentro y fuera de nosotros. El mindfulness consiste en desarrollar una mayor conciencia y obtener buena información, lo que nos permite tomar decisiones inteligentes sobre cómo interactuamos con el mundo y con los demás. Obtenemos esta información prestando atención a lo que nos ocurre en cada momento. ¿En qué estado nos encontramos? ¿Estamos tranquilos, estresados, ocupados planificando, preocupados, disgustados? ¿Qué actitud guía nuestro pensamiento y nuestras acciones en cada momento? ¿Qué sucede a nuestro alrededor? Podemos acceder a todo tipo de información a través de nuestros sentidos. En este capítulo, veremos cómo sintonizar con lo que está ocurriendo para, de este modo, responder a propósito y no con el piloto automático.

Práctica 3 Ser y hacer

Qué debes saber

Hay dos modos principales de actuar con el mundo: el «modo hacer» y el «modo ser», y esta distinción está respaldada por lo que sabemos sobre el cerebro. El modo hacer consiste en lograr que las cosas se hagan. Lo necesitamos para planificar, organizar, recordar y analizar, y lo usamos de forma deliberada o automática para realizar tareas y alcanzar objetivos. También lo necesitamos para resolver problemas. Sin embargo, la resolución de problemas por medio de este modo puede dar lugar a una gran actividad mental desafiante e innecesaria, como la preocupación, pensar en exceso o repasar una y otra vez algún acontecimiento pasado –algo que no reporta ningún beneficio, sobre todo cuando nos enfrentamos a emociones difíciles–. En el modo hacer, a menudo nos quedamos atrapados en pensamientos ansiosos, lamentándonos, juzgando, llevando las cosas al terreno de lo personal o sacando conclusiones precipitadas.

También contamos con un modo ser, un estado en el que sintonizamos con lo que experimentamos en tiempo real, en el que nos mostramos más receptivos y comprensivos, en vez de quedarnos atrapados en lo que significa para nosotros o en lo que hay que hacer. Una forma de acceder al modo ser es prestar atención a los sentidos o a las sensaciones, centrándonos en lo que hay y sin saltar a los juicios y a los análisis. Pasar al modo ser puede interrumpir parte de la actividad mental negativa habitual del modo hacer.

Estos modos involucran a diferentes partes y funciones del cerebro, y los necesitamos a ambos. Gracias a la conciencia plena podemos aprender a elegir intencionalmente nuestro modo en función de lo que vaya a ser más útil para la tarea en cuestión o para lo que necesitemos. Esta tabla desglosa los principales aspectos de cada modo.

Modo hacer	Modo ser
Centrarse en lo que hay que hacer.	Centrarse en recibir información (como sensaciones).
Realizar los movimientos con el piloto automático habitual: trabajar, comer, caminar, hablar, etc., en función de nuestra «configuración» predeterminada.	Prestar atención al presente a propósito a medida que se desarrolla.
Funciona a través del pensamiento. Útil: resolución de problemas, análisis, extracción de conclusiones, interpretaciones. Inútil: preocupación, pensamiento repetitivo, interpretaciones. (Las interpretaciones pueden ser útiles o inútiles)	Prestar atención a los sentidos y a las sensaciones corporales: olfato, tacto, vista, sonido, gusto, observación del momento presente (siempre en el *ahora*).
Centrarse en el pasado y en el futuro.	Centrarse en ver lo que hay aquí y *ahora* por medio de nuestra experiencia directa. Percibir el momento, ya sea deseado, neutro o no deseado.
Insatisfacción con lo que hay (querer/no querer; no debería/debería ser). Por lo general, una rutina de juicios (sobre uno mismo, los demás, el mundo).	Abrirse a lo que hay aquí; curiosidad. Aplazar el juicio sobre si la experiencia es buena o mala.

Ahora que te haces una idea aproximada de lo que son los modos ser y hacer, quizá te preguntes con qué aspecto se presentan en la vida real o cómo pueden influir en la calidad de tu experiencia. Consideremos la experiencia de Taylor en el modo hacer al mirarse en el espejo:

> *Oh, mi cara es terrible –mira lo gorda que está–. Parezco un bebé gordo. ¡Qué poco atractiva! No merezco que me quieran. Nadie querrá mantener relaciones sexuales conmigo. Estaría genial si pudiera perder cinco kilos. Sería atractiva. Pero no será suficiente. Incluso cuando estaba esquelética, quería perder más. Es un verdadero desastre.*

Fíjate en el juicio negativo y severo del *self*. Fíjate, asimismo, en la resolución de problemas y en la preocupación. Esto es el modo hacer en su peor expresión.

Por medio de la práctica de mindfulness, Taylor encontró formas de evitar el modo hacer:

> *Me resulta muy difícil salir de este estado una vez que estoy en él. Cuando cojo la guitarra y toco «Little Wing», oigo las notas y la letra en mi cabeza. Siento mis dedos moviéndose sobre las cuerdas. Simplemente estoy aquí tocando.*

En el modo ser, mientras Taylor toca la guitarra, sus pensamientos negativos y repetitivos o la narración de historias se ven interrumpidos y, literalmente, recobra el sentido común.

Exploremos ahora estos dos modos con un ejercicio.

Qué puedes probar

Elegir un modo no es tan sencillo como separar el hacer del ser. ¡Eso sería estupendo! Sin embargo, puedes cambiar tu experiencia advirtiendo a qué estás prestando atención y si lo haces a propósito o de forma automática. Al prestar atención, puedes ver si estás en el modo hacer o ser y aprender a reconocer cuándo un modo puede ser más útil que el otro.

Por ejemplo, digamos que es hora de vestirse. Rodea con un círculo el modo o modos que podrías elegir si fueras consciente de lo que está pasando.

> **Hacer útil** (planificar, organizar, tomar decisiones): ves lo que te gusta, lo que te puede quedar bien y lo que puede estar bien teniendo en cuenta el tiempo que hace fuera.
>
> **Hacer inútil** (preocuparte, juzgar): te preocupas por tu aspecto. ¿Es lo suficientemente *cool* tu *outfit*? Empiezas a pensar en que necesitas ropa diferente o en tu imagen corporal.
>
> **Ser**: te das cuenta de tu pensamiento y empiezas a prestar atención al color o al tacto de la ropa y al tiempo que hace fuera, y te centras en el proceso de *vestirte*.

Así, en el primer ejemplo (hacer útil), puedes usar tu cerebro pensante para tomar decisiones que te ayuden a vestirte y salir de casa. En el segundo (hacer inútil), te quedas atrapado en un bucle de pensamientos negativos que pueden ponerte triste o ansioso. Esos pensamientos en realidad no te ayudan a salir por la puerta.

¿Qué puedes hacer si detectas que sucede esto? ¿Es hora de darle un respiro a tu mente que trabaja en el modo hacer? Prueba a pasar al modo ser (el tercer ejemplo). Prestar atención a los sentidos y a la sensación y el aspecto de lo que realmente te rodea en ese momento, así como interrumpir algunos pensamientos automáticos cargados de emociones, es una elección que puedes tomar con práctica.

¿Cuándo sería útil estar en modo hacer? (por ejemplo, al estudiar, al arreglar la bicicleta, al planificar una fiesta)

¿Cuándo sería útil estar en modo ser? (por ejemplo, al escuchar música, al tomar un tentempié, al apreciar un día maravilloso)

¿Cuándo podría ser un problema el modo hacer? (por ejemplo, cuando estás estresado por una fecha límite o preocupado por una relación)

¿Qué parte del modo hacer podría ser un obstáculo? Piensa en juicios sobre ti mismo o sobre los demás, en pensamientos ansiosos y automáticos o en pensamientos repetitivos que pueden hacer que resulte difícil pensar con claridad o tomar buenas decisiones. Puede parecer productivo –pero ¿lo es?–.

¿Cuándo podría suponer un problema el modo ser? (por ejemplo, cuando estás escuchando música, disfrutas de ella y no terminas una tarea o los deberes para el día siguiente)

Qué más puedes probar

STOP es una práctica de mindfulness muy conocida que puede ayudarte a ver en qué modo te encuentras y a sentir curiosidad por él. Puede ayudarte a determinar si el modo en el que te encuentras es lo que realmente quieres y necesitas en ese momento.

S top, deja lo que estés haciendo.

T oma aire y respira unas cuantas veces. Advierte las sensaciones de la respiración para fijar tu atención.

O bserva tus pensamientos, tus emociones y tus sensaciones corporales.

P rosigue con más conciencia en tus próximos momentos.

Estos ejemplos muestran el modo en que Blake usó la práctica STOP:

> *Me lo estoy pasando bien ahora mismo tirando a canasta. Voy a usar la técnica STOP y asimilarlo.* Respira hondo un par de veces para bajar el ritmo y presta atención por un momento a su mundo interior. *Tengo buenos pensamientos sobre el hecho de estar aquí y ahora y sobre la gente con la que estoy... Me caen bien y a ellos les gusta estar conmigo. Me siento contento y algo feliz. Mi cuerpo se siente relajado y suelto. Resulta agradable...*

> *Mi madre me está gritando para que suelte el teléfono porque es la hora de la cena. Me estoy cabreando. Voy a hacer la práctica STOP y a revisar esto, dentro de mí. Voy a respirar hondo un par de veces. Estoy pensando: «Déjame en paz. ¿Cuál es el problema? Estoy haciendo algo». Estoy irritado y enfadado. Siento tensión en el cuerpo y tengo la cara arrugada. Pienso: «Y ahora, ¿qué quieres hacer?».*

Usar la práctica STOP no arregló esta situación, pero le dio tiempo a Blake para reajustarse un poco y no reaccionar sin pensar. Estaba en mejores condiciones de elegir cómo responder.

Práctica 4 Trabajar con los sentidos

Qué debes saber

Nuestras sensaciones corporales y nuestros cinco sentidos –lo que vemos, oímos, olemos, saboreamos y tocamos– suceden siempre en el ahora y están a nuestra disposición. Al fin y al cabo, llevamos nuestro cuerpo a todas partes. Prestar atención a los sentidos y a nuestras sensaciones, así como a sus cualidades, es una herramienta clave del mindfulness que nos permite pasar del modo hacer al modo ser. Prestar atención a las sensaciones nos ayuda a no perdernos en nuestros pensamientos sobre el pasado y el futuro, allí donde suelen convertirse en arrepentimiento o preocupación. Tenemos otro lugar –el cuerpo y los sentidos– en el podemos centrar nuestra atención en vez de quedarnos atrapados en la mente. También puede permitirnos aprovechar los placeres de estar presentes. ¡Intentemos darle descanso al modo hacer de nuestra mente!

Qué puedes probar

He aquí algunas formas de entrar en el modo ser jugando con tus sentidos. Cerrar los ojos durante todo o parte del ejercicio puede intensificar lo que notes.

Ver. Cierra los ojos unos instantes. Ahora ábrelos y mira a tu alrededor. ¿Qué ves en este momento? Abandona los pensamientos sobre lo que estás viendo y limítate a advertir lo que ves en realidad, sea lo que sea –colores (rojo, azul, naranja), formas (cuadrados, rectángulos, círculos), brillo, sombra, movimiento…–. Anota algo de lo que veas.

Oír. Prestar atención a los sonidos puede ser una forma fácil de pasar al modo ser. Pon algo de música y concentra toda tu atención en escuchar. ¿Cuál es el tono, el timbre, el volumen, el tempo y el sonido de cada uno de los instrumentos?

Oler y saborear. Cuando pelas una naranja, puedes percibir el olor a cítrico, y cuando la pruebas, la explosión de sabor jugoso. Elige un alimento con el que te gustaría practicar. Antes de dar el primer bocado, huélelo de verdad y céntrate en las sensaciones. ¿Qué hueles? ¿Puedes describir esas sensaciones? ¿A qué te sabe? ¿Puedes describir los sabores?

Tocar. El sentido del tacto humano está muy desarrollado, como el olfato del perro. Coge un objeto que te transmita una sensación agradable, como una manta suave, una piedra lisa o una prenda de ropa. Céntrate en el sentido del tacto. ¿Puedes describir las sensaciones, como la suavidad o la tersura?

Qué más puedes probar

Aprender a prestar atención a tus sensaciones cuando realizas una actividad puede ayudar a que te concentres. Prestar atención de este modo puede ser un lugar al que volver cuando tu atención va por libre. La atención puede dirigirse a muchos sitios, algunos agradables y otros no tanto.

¿Te encuentras a menudo aburrido o abatido mientras realizas alguna tarea, como fregar los platos? ¿Dónde está tu atención? ¿Qué ocupa tu mente? En vez de ello, imagina que prestas atención a la sensación del agua caliente y jabonosa en tu piel, al sonido del grifo abierto, al movimiento de tus manos mientras friegas o lavas. A veces también puedes estar disfrutando de un momento, por ejemplo, tumbado al sol. Podrías obtener aún más placer sintonizando con la sensación del sol en tu piel o con lo relajado que se siente tu cuerpo. Puede haber muchas oportunidades de tener una experiencia diferente simplemente prestando atención a lo que estás haciendo de una manera diferente, utilizando los sentidos.

Elige una actividad cotidiana (como hacer una tarea, comer, caminar, bailar) y dedica un momento a sintonizar con tus sentidos. Siente curiosidad y observa lo que notas. ¿Cuáles son las cualidades de esas sensaciones? Puede que no todas sean agradables. Trata de elegir una que te parezca positiva y otra negativa. Anota las observaciones que recuerdes al probar esta actividad. Pueden provenir de la vista, del tacto, del oído, del olfato o del gusto, o de sensaciones procedentes del interior del cuerpo.

Actividad	Qué notaste	¿Era positivo (+) o negativo (-)?
Caminar esta mañana	*Una brisa fría en la cara* *Ruido del tráfico*	+ -

Puedes prestar atención a tus sentidos siempre que te acuerdes, y estarás practicando mindfulness cuando lo hagas.

Práctica 5 Ser el jefe de tu cerebro

Qué debes saber

Por muy buenas razones, nuestro cerebro presta especial atención a las experiencias negativas. A medida que evolucionó el ser humano, le resultó útil centrarse en las amenazas o el peligro. Por ejemplo, si querías sobrevivir, era importante conocer las señales que te advertían de que había un depredador cerca.

Las experiencias positivas no se registran con la misma intensidad. Era poco probable que las experiencias positivas influyeran en el hecho de vivir un día más. Como resultado, nuestros antepasados –y la gente hasta el día de hoy– se centraban mucho más en lo negativo. Este sesgo de negatividad está arraigado en nuestro cerebro hasta el punto de que a menudo consideramos las cosas como negativas cuando no lo son. Además, nuestro cerebro no distingue entre una amenaza real –como entrar en una carretera con mucho tráfico– o una falsa alarma. Una falsa alarma puede ser reaccionar como si algo fuera peligroso o amenazador aunque no lo sea, o preocuparse por algo malo que pudiera ocurrir. Ambas cosas nos parecen muy reales. Por eso, con frecuencia nuestra mente está ocupada con pensamientos negativos y miedos. Estas ideas no suelen ayudarnos a sobrevivir, sino que hacen que nuestra vida sea más miserable.

¿Cómo se manifiesta el sesgo de negatividad? Así es como lo experimentó Brittney:

> *Salgo de mi apartamento y, en el ascensor, veo algo grande y negro en el suelo. No lo pienso. Es como un reflejo de sobresalto; una sacudida. Incluso un pequeño salto. Dura como un segundo. Tal vez menos. Luego, el siguiente segundo es: «¡AH! ¿QUÉ ES? ¡¿ES UNA ARAÑA?! ¡¿UNA AMENAZA?!». Y el corazón se acelera, la respiración también, siento mucha tensión... Luego, de repente: «Es un GUANTE», y pienso: «Oh, ja ja, qué tonta soy, qué ansiedad más tonta», y puedo reírme de ello. Y las reacciones físicas desaparecen, pero esto tarda alrededor de un minuto.*

Brittney tuvo que pasar cuatro veces por encima del guante para dejar de sobresaltarse. Esta reacción se desvanece poco a poco:

> **Primera vez**: Como se indica arriba.
>
> **Segunda vez**: *Oh, ja ja, es el estúpido guante* (su respuesta de miedo es un poco menos intensa).
>
> **Tercera vez**: *¡Maldito guante!* (su respuesta de miedo es aún menor).
>
> **Cuarta vez**: *Guante -refunfuña-* (su respuesta es aún menor).

Con conciencia plena, podemos detectar estas reacciones automáticas negativas, esta tendencia a pasar a emociones o pensamientos severos dirigidos a la situación o a nosotros mismos. Podemos comprobarlo deliberadamente y preguntarnos: «¿Quién es el jefe de mi cerebro ahora mismo?». El modo hacer suele estar ocupado con falsas alarmas, mientras que el modo ser está más en el flujo de la experiencia tal y como se presenta en el momento, registrando lo que realmente está ahí. ¿Estamos atrapados en un bucle negativo, o nos mostramos abiertos a lo que ocurre en el aquí y ahora? ¿Podemos adoptar una postura más abierta, receptiva y neutral ante lo que experimentamos?

Para estar menos atrapados en el sesgo de negatividad tenemos que «reconfigurar» nuestro cerebro y equilibrar la atención a lo positivo o neutral con la necesidad de mantenernos a salvo del peligro potencial o real. Esta reconfiguración puede ayudarnos a mejorar nuestro estado de ánimo, a aumentar nuestra resiliencia y a disfrutar más de la vida. Gracias a la *neuroplasticidad* (la capacidad del cerebro para seguir cambiando en función de la experiencia o la repetición) podemos cambiar nuestros cerebros con práctica y elegir el modo que queremos o necesitamos adoptar (Hanson, 2009). En primer lugar, tenemos que ser conscientes de lo que está sucediendo para convertirnos en los jefes de nuestro propio cerebro. Probemos un ejercicio que nos permitirá ganar más práctica en el arte de prestar atención a las experiencias positivas.

Qué puedes probar

Para equilibrar nuestro sesgo de negatividad, el hecho de que prestes toda tu atención a las experiencias positivas, aunque sea por unos instantes, resulta de ayuda. Tienes que sorprenderte pasando un buen rato. Tienes que centrarte en los pensamientos que te rodean, poner nombre a las emociones positivas que están presentes (alegría, satisfacción, placer), entrar en contacto con las sensaciones que aparecen en el cuerpo y describirlas (ligereza, relajación, hormigueos), y empaparte realmente de la experiencia. Al permanecer con la experiencia y sentirla en tu cuerpo, estarás creando nuevas vías en tu cerebro para asimilar lo bueno o incluso lo asombroso, pero esto requiere tiempo y repeticiones.

Para practicar, piensa en algo positivo que te haya ocurrido hoy o en el pasado reciente, por pequeño que sea, siempre que sea algo que hayas disfrutado. Recuerda esa situación y anota tus pensamientos, tus emociones y tus sensaciones físicas, y añade cualquier reflexión que tengas.

Situación: ______________________________

____

Pensamientos: ______________________________

____

Emociones: ______________________________

____

Sensaciones físicas: ______________________________

____

Reflexiones: ______________________________

____

Qué más puedes probar

Piensa en una persona, en una mascota o en un famoso que te haga feliz:

Di algo que aprecies de la habitación en la que te encuentras actualmente:

Di algo que te guste comer:

Piensa en un momento reciente en el que te hayas sentido realmente bien, realmente feliz, y anota todo (con frases o palabras) lo que puedas recordar sobre ese momento (dónde estabas, qué advertiste, viste, oíste, sentiste). Ningún acontecimiento es demasiado pequeño.

¿Algún comentario sobre cómo te sentiste al hacer el ejercicio? ¿Alguna idea sobre lo que has notado?

Busca ahora futuras oportunidades para asimilar lo bueno o lo asombroso y reconfigura tu cerebro para que sea positivo.

Práctica 6 Cuestión de actitud

Qué debes saber

Aprender a prestar atención es importante, pero igual de importante es el modo en que lo hacemos. Nuestras actitudes dan forma a nuestra experiencia, a menudo de un modo positivo o negativo. Pueden ser una elección consciente. Más a menudo son un hábito –la forma en que hemos aprendido a responder, sea útil o no–.

Con el mindfulness, todo tiene que ver con la conciencia y con la posibilidad de ver o responder a las cosas de una manera nueva cuando queremos o necesitamos hacerlo. Damos un paso atrás y reconocemos qué actitud estamos adoptando ante una situación, como un reto, una relación, cómo nos hablamos a nosotros mismos. Si vemos que una actitud se interpone en nuestro camino, podemos practicar una actitud diferente y ver qué resulta de ello. Por ejemplo, practicar una actitud de paciencia con uno mismo o con los demás puede abrir algunas oportunidades que podrían cerrarse rápidamente si reaccionáramos con frustración, con juicios negativos y con ansiedad. Actitudes como la curiosidad, la amabilidad, el no juzgar y la paciencia son fundamentales; son nuestros aliados (amigos) en el desarrollo de la conciencia plena (Kabat-Zinn, 1990; Woods, Rockman y Collins, 2019).

Qué puedes probar

Algunas actitudes apoyan nuestro objetivo de ser conscientes, especialmente cuando luchamos con emociones o estados difíciles. Otras actitudes limitan nuestra visión y nuestra experiencia, cerrándonos a las posibilidades. Presentamos a continuación las definiciones de varias actitudes importantes de mindfulness que pueden ser útiles:

no juzgar: no juzgar inmediatamente a las personas, las cosas o las situaciones como buenas o malas, o como lo que nos gusta o no

paciencia: aceptar que las cosas requieren su tiempo

mente del principiante: acercarse a las experiencias sin pensar que ya sabes lo que está pasando

confianza: confianza en uno mismo y en los demás

no esforzarse: aceptar no intentar llegar a ninguna parte

aceptación: voluntad de ver y estar con las cosas tal como son, de entrada

dejar ir: no aferrarse a pensamientos, emociones, relaciones, comportamientos o situaciones inútiles

curiosidad: mostrar interés y explorar las experiencias, las situaciones y el mundo natural

compasión: empatía y deseo de ayudarse uno mismo y/o a los demás

Empareja cada actitud con la definición que mejor la describa trazando una línea entre ellas:

Curiosidad	Ver las cosas de otro modo
No juzgar	No presionar para llegar a alguna parte
Paciencia	Dejar que las cosas sean como son
Confianza	Dejar de aferrarse o resistirse
Compasión	Mantener la calma mientras se espera
No esforzarse	No evaluar como bueno o malo
Dejar ir	Preocuparse por el sufrimiento de una persona y desear ayudarla
Aceptación	Confiar en
Mente del principiante	Mostrar interés

Ahora que ya sabes qué son las actitudes conscientes, vamos a practicar el modo de trabajar con ellas.

Qué más puedes probar

Elige una actividad que sea nueva para ti o que a menudo te parezca difícil y provoque algunos problemas y reacciones negativas en ti. Por ejemplo, puedes optar por resolver un rompecabezas difícil (crucigrama, sudoku); tocar un instrumento que no conozcas bien; o intentar escribir, dibujar o colorear con tu mano no dominante.

Realiza la actividad durante cinco o diez minutos y observa lo que surge en cuanto a tu actitud, que puede reflejarse en pensamientos o emociones. Pon nombre a las emociones si puedes (por ejemplo: «Aquí está la frustración» o: «Aquí está el orgullo»). Observa qué pensamientos surgen (por ejemplo: «Esto no se me da bien», «esto es interesante», «esto es demasiado difícil», «esto no es tan difícil»). ¿Puedes poner nombre a las actitudes que has experimentado, sabiendo que pueden ser opuestas a las actitudes conscientes?

Sigue con la misma actividad durante otros cinco o diez minutos, y observa si puedes practicar la paciencia contigo mismo y con la tarea y siente curiosidad por el proceso (por ejemplo: «¿Por qué es tan difícil?», «¿qué espero que ocurra?», «¿cuál es el resultado del modo en que estoy reaccionando?», «¿en qué se diferencia esto de otras cosas que hago?»). Anota lo que observes en relación con tus actitudes y cómo cambian, si es que lo hacen, cuando aportas curiosidad y paciencia a una situación.

Después de realizar estas prácticas, ¿te imaginas de qué modo podría ser útil el hecho de traer actitudes conscientes a la experiencia?

Por el momento te hemos presentado algunas ideas y herramientas: la forma de investigar tu experiencia interior y exterior, la diferencia entre el modo hacer y el modo ser, prestar atención a tus sentidos para estar en el momento presente, trabajar con actitudes de mindfulness y emplear la conciencia de la práctica de la respiración. Ahora es el momento de pasar de tu mundo interior a lo que sacude tu mundo y de ver cómo puedes usar lo que has aprendido hasta ahora.

3
Sobre el estrés

Los seres humanos no venimos con un manual de instrucciones. Tenemos que descubrir el modo de detectar los problemas y de encontrar una solución a los mismos. Experimentar estrés forma parte del hecho de ser humano –es una parte inevitable y necesaria de la vida y el crecimiento–. Pero también puede ser perjudicial y agotarnos. Con un poco de conocimiento y autoconciencia, podemos aprender a lidiar con el estrés de la mejor manera posible. Usar las habilidades y las actitudes del mindfulness nos ayuda a reconocer cuándo estamos teniendo dificultades con el estrés y nos da pistas sobre lo que tenemos que hacer.

Práctica 7 ¿Estoy estresado?

Qué debes saber

Antes de aprender algunas estrategias para hacer frente al estrés, debes saber cómo se manifiesta este en ti. ¿Cómo sabes que estás estresado? Puedes obtener pistas sobre el estado en que te encuentras, y sobre si estás estresado o no, advirtiendo qué pensamientos, emociones, sensaciones corporales e impulsos están presentes. Ya lo has trabajado en los dos primeros capítulos, y también puedes perfeccionar esta habilidad concretando más lo que está sucediendo en tu estado. Podemos aplicar esta habilidad de toma de conciencia como estrategia para hacer frente al estrés. Sin embargo, el primer paso consiste en comprobar cuándo estamos estresados y cuándo no lo estamos (cuándo no estamos activados emocionalmente ni cargados de emociones), para que sepamos la diferencia.

Qué puedes probar

Nuestros estados, al igual que el clima, cambian constantemente. Un día cualquiera puedes pasar de sentirte tranquilo a estresado, de excitado a aburrido, etcétera. Las emociones, los pensamientos, las sensaciones corporales y los impulsos que acompañan a estos estados van y vienen, como nubes.

Sobre la base de tu experiencia en este momento, determina lo que está ocurriendo en tu interior con la mayor precisión posible. Dibuja cuatro nubes que representen los pensamientos, las emociones, las sensaciones corporales y los impulsos. A continuación, escribe lo que notes que está ocurriendo en estas áreas en este momento. Puede que haya nubes en las que no tengas nada que escribir. Puedes usar la tabla de las emociones y de las sensaciones corporales a modo de referencia con el fin de ser más específico; no dudes en añadir las tuyas propias. Después de realizar esta actividad, puede que te hagas una idea de si te encuentras en un estado de estrés.

La siguiente tabla relaciona las emociones primarias (básicas) y las secundarias (más complejas) con algunas sensaciones corporales asociadas. Es bueno ser consciente de esta conexión porque el cuerpo puede hacernos saber lo que sentimos. Ten en cuenta que a menudo tenemos sensaciones corporales sin emociones, y que también podemos tener emociones sin sensaciones corporales. Hay muchas otras sensaciones y emociones no enumeradas aquí que puedes detectar con el tiempo. Estamos construyendo un vocabulario de experiencias. Esta tabla es una guía que te ayudará en este proceso.

Emociones y sensaciones corporales

Emoción primaria	Emociones secundarias	Sensaciones corporales
Miedo	Asustado, ansioso, inseguro, amenazado, nervioso, abrumado, vulnerable	Débil, sudoroso, entumecido, tembloroso, sin aliento, tenso, opresión en el pecho, agitado, inquieto, corazón acelerado, agujero en el estómago
Tristeza	Solitario, dolido, deprimido, afligido, avergonzado, arrepentido, decepcionado	Pesado, lloroso, opresión en la garganta o en el pecho, poca energía, congestionado, hombros caídos, cabeza gacha, cara enrojecida, boca caída
Ira	Enfadado, frustrado, crítico, agresivo, defraudado, celoso, no respetado, resentido, molesto, irritado, traicionado	Acalorado, energizado, frente tensa, mandíbula apretada, tensión en el diafragma, impulso de golpear, aumento del ritmo cardíaco
Alegría	Feliz, contento, juguetón, interesado, aceptado, creativo, alegre, confiado, cariñoso	Cuerpo ligero, músculos relajados, energizado, cálido
Asco	Repelido, desaprobado, horrorizado, rebelado, indeciso, crítico, aburrido	Sensación de constricción, arcadas, náuseas, el cuerpo se inclina hacia atrás
Sorpresa	Sobresaltado, excitado, confuso, asombrado, en *shock*	Repleto de energía, alerta, con los ojos abiertos, respiraciones cortas

Confianza	Aceptación, admiración, calmado, tranquilo	Relajado, cuerpo tranquilo, hombros suaves, respiración más lenta
Anticipación	Interesado, curioso, vigilante	Alerta, energizado, respiración más rápida, hormigueo en el cuerpo

Práctica 8 Conocer el estrés

Qué debes saber

¿Cuántas veces has dicho u oído decir a alguien: «Estoy taaaaan estresado»? Pero ¿qué significa la palabra «estrés»? Podemos considerar que el estrés es la reacción del cuerpo a una demanda percibida a la que tenemos que adaptarnos o responder de alguna manera (Selye, 1973). Nos referimos a esta demanda como un *estresor*, que es algo que provoca una reacción de estrés y puede ser externo o interno. Un estresor externo proviene de algo externo a nosotros (comenzar una nueva relación, dinero, problemas en el trabajo o en la escuela, plazos apremiantes, etc.). Un estresor interno proviene de nuestro interior (pensamientos, emociones, sensaciones corporales).

Las reacciones de estrés se manifiestan automáticamente en muchos sistemas del cuerpo. Pueden aumentar nuestro ritmo cardíaco, acelerar nuestra respiración, hacer que nuestros músculos se tensen y desactivar nuestra digestión (provocando malestar estomacal). Las reacciones de estrés pueden prepararnos físicamente para luchar o huir (es posible que hayas oído hablar de la «lucha o huida») y, en otras ocasiones, la reacción puede ser paralizarnos o desconectarnos, aunque lo que nos estrese no requiera ninguna de estas cosas. Estas reacciones nos ayudan a mantenernos vivos cuando nos enfrentamos a un peligro, pero un exceso de esta reacción de estrés, causada por demasiadas cosas, puede ser perjudicial.

También podemos tener reacciones de estrés «buenas», como cuando nos mostramos excitados o acelerados por algo que queremos hacer, por una nueva relación o por aprender a jugar a un juego o practicar un deporte. Existe un nivel óptimo de estrés que puede ser motivador y ayudarnos a funcionar. Sin embargo, demasiado estrés durante demasiado tiempo puede ser abrumador y disminuir la motivación y el funcionamiento.

Las reacciones de estrés suelen manifestarse como una maraña. Como primer paso para llegar a conocer nuestras reacciones de estrés y el modo de gestionarlas, el hecho de separarlas en sus componentes (pensamientos, emociones, sensaciones corporales y comportamientos) puede ser útil para ayudarnos a decidir si una reacción al estrés es amiga o enemiga.

Qué puedes probar

Conocer nuestras señales de estrés significa prestar atención a las sensaciones corporales, a los pensamientos, a las emociones y a los comportamientos cuando aparece el estrés, con el fin de desentrañar la red de la reactividad. Intenta rellenar la siguiente red, determinando lo que crees que les ocurre a las personas cuando están estresadas.

Red de la reactividad

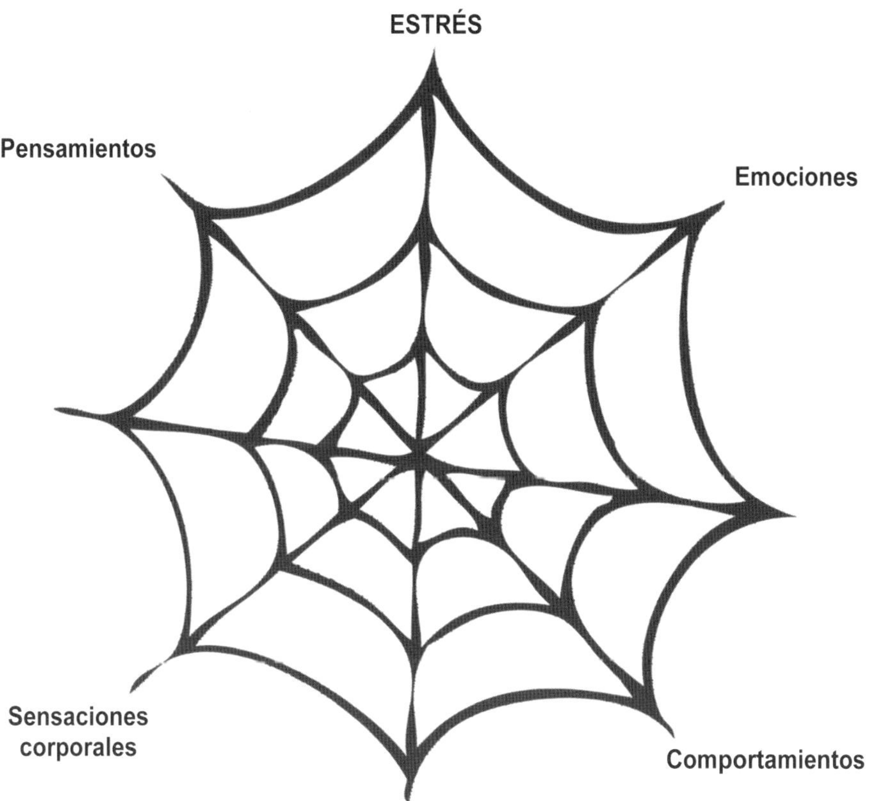

Tenemos que aprender cuándo el estrés es un amigo y cuándo nos causa problemas. Para ello, hemos de conocer nuestras señales personales de estrés, tanto las positivas como las negativas, que exploraremos en este ejercicio.

Recuerda un momento en el que estuvieras estresado por algo positivo y eso te pusiera nervioso. Por ejemplo, quizás estabas actuando en un concierto o en una competición deportiva. Escribe cómo se manifestó ese estrés en tu cuerpo, en tus pensamientos, en tus emociones y en tus acciones.

A continuación, recuerda un momento reciente en el que te hayas sentido enfadado o preocupado por algo. Trata de poner un ejemplo que no sea demasiado intenso –un 3 o un 4 sobre 10– y que no te resulte abrumador (si descubres que estás explorando un tema con demasiada carga emocional, no dudes en parar y respirar hondo unas cuantas veces, en elegir algo más ligero o en intentarlo en otra ocasión). Anota tus propias señales de estrés. ¿Qué sensaciones corporales estaban presentes? ¿Qué emociones? ¿Qué pensamientos? ¿Qué impulsos tuviste o que acciones llevaste a cabo?

Observa ahora lo que has escrito para describir el estrés positivo y el estrés negativo. ¿Qué diferencias y similitudes puedes observar? Intenta determinar qué convierte al estrés en amigo o enemigo. Conocer nuestras diferentes reacciones o señales puede aumentar nuestra conciencia, lo que nos ayuda a ser conscientes de lo que está pasando y de lo que tenemos que hacer al respecto, si es que tenemos que hacer algo.

Qué más puedes probar

El estrés se asocia a menudo con las emociones, que pueden proporcionar una señal fuerte. Prueba este ejercicio para conocer tus emociones, cómo van y vienen, y cómo los factores externos pueden hacerlas aflorar. Detectar las emociones y cómo funcionan puede ayudarnos a atraparlas antes de que tomen el control.

Elige tres canciones que reflejen las emociones enumeradas a continuación. Acomódate durante un par de minutos, cierra los ojos y comprueba cómo se siente tu cuerpo en este momento. Abre los ojos y pon una canción triste. A continuación, vuelve a cerrar los ojos y, mientras escuchas la canción, presta atención a tus sensaciones físicas y a tus emociones. Cuando acabe la canción, escribe lo que hayas notado. Haz esto con cada canción (puedes consultar la tabla de emociones y sensaciones corporales de la Práctica 7).

Canción triste: ______________________________

____

Canción furiosa o agitada: ______________________________

____

Canción alegre: ______________________________

____

Desarrollar esta habilidad de detectar claramente tus emociones es un acto de atención plena y desarrolla habilidades de conciencia. Tienes que conocer tu estado emocional antes de poder hacer algo al respecto. Esta es una forma de ayudarte a ser el jefe de tu propio cerebro.

Práctica 9 Comprobación consciente

Qué debes saber

Hemos estado desarrollando la capacidad de prestar atención y detectar nuestras emociones, nuestros pensamientos y nuestras sensaciones corporales. Cuando lo intentamos en el momento, o en tiempo real, podemos ver que, por lo general, estamos reaccionando a algo –a lo bueno, a lo malo y a lo feo (como los personajes de la película)–. Nuestro cerebro ocupado actúa a menudo por sí solo, con el piloto automático. Tiene una tendencia intrínseca a centrarse en lo que percibe como malo, perturbador o amenazador, ya sea real o una falsa alarma. Podemos aprender a cambiar ese hábito para asimilar lo bueno, y a veces incluso lo asombroso, cuando está ahí. También podemos advertir los estados difíciles y elegir deliberadamente a qué prestamos atención y qué necesitamos. Dicho con otras palabras, puedes ser el jefe de tu cerebro en vez de que él te mande a ti. Vamos a probar otra práctica breve de mindfulness que puede ayudarte a comprobar en qué punto te encuentras y a averiguar cuál sería el próximo paso útil.

Qué puedes probar

La comprobación consciente puede ayudarte a pasar de los automatismos a prestar atención a propósito (inspirado en Segal et al., 2002, 2013). Así aprenderás a dirigir tu atención hacia donde tú quieras, en vez de hacia donde quiera tu atención. Esto significa aprender tanto a acercarse a lo que está sucediendo como a alejarse para obtener una visión más amplia. Puedes emplear esta habilidad siempre que quieras, en cualquier momento y lugar: dando un paseo, antes de irte a dormir, al hacer cola o en el autobús. Es una habilidad, como cualquier otra, que mejora con la práctica, y es tan sencilla como contar hasta tres. Cada paso puede llevar un minuto.

Puedes aprender los pasos siguiendo el texto que aparece a continuación. Una vez que hayas aprendido a guiarte tú mismo por esta práctica, podrás recurrir a ella siempre que quieras realizar la comprobación consciente.

> Haz una pausa y observa lo que estás experimentando en este momento (pon nombre a los pensamientos, a las emociones y a las sensaciones corporales).
>
> Desplaza tu atención hacia las sensaciones de la respiración en el vientre, como un ancla para la atención (lejos de donde estuviera centrada antes).
>
> Amplía tu atención para sea más abierta, para que incluya todo tu cuerpo, para que sea un nuevo comienzo en el que puedas captar más de lo que sucede dentro de ti y a tu alrededor.

Las prácticas breves de mindfulness como «La comprobación consciente» o «STOP» desarrollan las habilidades y la conciencia necesarias para gestionar las reacciones de estrés cuando tienen lugar. Desarrollar esta conciencia te ayuda a ver los efectos del estrés de manera temprana y clara, para que puedas detectarlo antes de que se convierta en un problema mayor y para que puedas elegir la respuesta más útil. En el siguiente capítulo, detectarás tus estresores personales y tus herramientas de afrontamiento actuales. También aprenderás otras herramientas adicionales de mindfulness que puedes emplear para manejar el estrés con más éxito.

4

Hacer frente al estrés

Has estado desarrollando algunas herramientas nuevas para prestar atención y reconocer que te encuentras en un estado de estrés –y para conocer cómo se manifiesta el estrés en tu cuerpo, en tus pensamientos y en tus emociones–. Este reconocimiento te da más opciones sobre cuándo y cómo vas a responder y qué necesitas hacer para cuidar de ti mismo. En este capítulo ofrecemos más conocimientos, conciencia plena y estrategias para hacer frente al estrés.

Práctica 10 Cuando empeora el estrés

Qué debes saber

Con el propósito de adquirir buenas habilidades para hacer frente al estrés, has estado aprendiendo a reconocer el aspecto con que se te presenta en tu cuerpo y en tu mente. Otra cosa que necesitas saber es cómo te estás enfrentando a él actualmente. Aunque te gustaría deshacerte de él, el estrés es una parte necesaria de la vida y del crecimiento. Sin embargo, el estrés continuo o grave puede ser muy duro para nosotros por cómo afecta a nuestro estado de ánimo, a nuestro cuerpo, a nuestra relación y a nuestra resiliencia –nuestra capacidad para levantarnos y seguir adelante cuando la vida se pone difícil–. Demasiado estrés durante demasiado tiempo puede abrumar nuestro sistema nervioso, lo que puede hacer que seamos menos capaces de recuperarnos fácilmente. Se vuelve difícil considerar nuestras opciones o responder de una manera que nos ayude. En este estado, nos «desconectamos», lo que significa que no podemos ver las cosas ni pensar con claridad. Esto suele ocurrir automáticamente, sin que seamos conscientes de ello. La conciencia plena puede ayudarnos a volver a «conectarnos», a ser capaces de ver nuestro nivel de estrés, las señales y los desencadenantes. Podemos averiguar si un estresor es real o una falsa alarma, y lo que necesitamos realmente hacer para manejar nuestras reacciones y cuidar de nosotros mismos.

El primer paso en este proceso consiste en aprender el modo de reconocer nuestro nivel de estrés.

Qué puedes probar

Podemos pensar que el estrés se produce en un rango que va desde el estrés con «e» minúscula hasta el estrés con «E» mayúscula. Experimentar el estrés como pequeño o grande puede depender de cómo lo veas, de cuánto dure el estresor, de su intensidad y de si te enfrentas a varios estresores a la vez. Por ejemplo, el estrés con «e» minúscula puede ser la reacción al no oír una llamada o a olvidarse de hacer la colada. El estrés con «E» mayúscula podría ser cualquier cosa: la reacción tras faltar a un examen o a una entrevista importante; tener una pelea con tu mejor amigo; sufrir una pandemia, un desastre natural o cualquier otra crisis importante que sea mucho más grande que tú; o padecer una enfermedad o problemas familiares.

Escoge algunas cosas que te hayan estresado y recuerda la intensidad con la que las has sentido. Escríbelas en la siguiente escala de intensidad del estrés. Intenta encontrar al menos un acontecimiento estresante para cada nivel.

A: Todo está bien ____________________

B: Fastidiado ____________________

C: Haciendo frente ____________________

D: Lastrado ____________________

E: Extremadamente estresado ____________________

F: Enloquecido ____________________

Por lo general, cuanto más dura el estrés, más duro se hace. Tómate un momento para mirar esta lista y pensar cuánto tiempo ha durado el estrés (minutos, horas, días, semanas o de forma continuada). Escribe las siguientes letras al lado de los ítems que has escrito en la escala: C para corto, L para largo, Co para continuo.

Qué más puedes probar

Haz una lista de diez cosas que te estresen. Pueden surgir dentro de ti (dolor de estómago, falta de sueño, una preocupación). Pueden empezar fuera de ti (un coche que pasa rozándote cuando vas en bicicleta, o que te digan que tienes que preparar una presentación). Pueden provenir de una interacción con otra persona (una discusión, un malentendido, una petición).

1. ______________________________
2. ______________________________
3. ______________________________
4. ______________________________
5. ______________________________
6. ______________________________
7. ______________________________
8. ______________________________
9. ______________________________
10. ______________________________

Escribe ahora junto a los estresores de dónde proceden: I = interior; E = exterior; R = una relación.

Ya has descubierto que las reacciones de estrés pueden tener diferentes intensidades y duraciones, y que pueden venir de dentro, de fuera o de tus relaciones. Notarás que hay algunos estresores que pueden cambiar y otros que no. El número de estresores a los que haces frente al mismo tiempo también puede afectar a tu nivel de estrés. Toda esta información puede indicarte el mejor modo de hacer frente al estrés que sientes.

Práctica 11 Tus estrategias de afrontamiento

Qué debes saber

Es probable que ya estés empleando muchas habilidades de afrontamiento para manejar el estrés. Tomarse un tiempo o dar un paseo, hablar con un amigo o hacer ejercicio físico pueden ser formas positivas de gestionar un estado de estrés. Si reducen tu nivel de estrés, estarás en mejores condiciones de seguir adelante con lo que tienes que hacer.

Algunas estrategias de afrontamiento son excelentes a corto plazo pero menos efectivas a largo plazo; por ejemplo, la procrastinación, o posponer las cosas que te estresan. El estrés puede parecer menor en ese momento, pero a menudo empeora cuanto más tiempo pospongas lo que has decidido no hacer.

También es frecuente que las personas reaccionen ante el estrés de un modo que pueda ser perjudicial o problemático, como las autocharlas negativas, los atracones de comida, el consumo de alcohol u otras drogas, o golpear algo.

¿Cómo gestionas normalmente el estrés que sientes? Es bueno saber qué está funcionando y qué no. Este conocimiento puede ayudarte a decidir qué conviene seguir haciendo y qué conviene dejar de hacer o cambiar.

Qué puedes probar

Conocer tus estrategias de afrontamiento puede ayudarte a crear un conjunto de herramientas para manejar el estrés de forma saludable.

¿Qué sueles hacer en momentos de estrés o dificultad que te resulte útil?

Enumera las estrategias que suelen resultarte útiles, las que solo lo son a corto plazo y las que te causan problemas. Puedes descargarte esta herramienta en la web de Desclée e imprimirla para tenerla a mano.

https://www.edesclee.com/colecciones/amae/cuaderno-de-trabajo-de-mindfulness-para-adolescentes

Mis estrategias de afrontamiento para el estrés

Útil	Alivio temporal	Problemática

¿Qué te gustaría cambiar en tu forma de afrontar el estrés?

¿Qué crees que te impide responder al estrés como te gustaría?

Ahora que conoces tus estrategias de afrontamiento y el modo en que podrías ampliarlas, echemos un vistazo a algunas de las habilidades para hacer frente al estrés que has aprendido hasta ahora.

Qué más puedes probar

Hemos visto muchas formas de usar los ejercicios y las prácticas de mindfulness a fin de aumentar la conciencia de la experiencia y de ayudarnos a manejar los momentos estresantes. Comprobar nuestros pensamientos, nuestras emociones y nuestros impulsos puede ayudarnos a hacer una pausa, a dar un paso atrás y a obtener una visión más equilibrada de los estresores y el estrés, cuando de otro modo podríamos haber reaccionado o arremetido contra ellos. Y el hecho de traer actitudes de mindfulness al momento, como la paciencia o la amabilidad, puede cambiar el modo en que experimentas el estrés y en que te tratas a ti mismo. Por ejemplo, ser intencionadamente más paciente con uno mismo cuando se está aprendiendo algo nuevo puede reducir el estrés que se siente y facilitar el proceso de aprendizaje.

¿Se te ocurre alguna idea o práctica que puedas emplear de este cuaderno de trabajo? Puedes volver a las secciones sobre las actitudes de mindfulness, la práctica STOP, la comprobación consciente; muchas personas las han utilizado para manejar su estrés o hacerle frente, y pueden formar parte de tu conjunto de herramientas contra el estrés.

Anota qué prácticas es más probable que uses y en qué situaciones:

Práctica 12 Hacer frente al estrés con «e» minúscula

Qué debes saber

No todos los estresores son iguales y la mayoría de las veces hacemos frente al estrés con «e» minúscula, las pequeñas cosas que nos molestan –como cuando no encuentras el teléfono, llegas tarde a una cita o corres para coger el autobús–. El primer paso para afrontar de un mejor modo el estrés es reducir la velocidad y, a continuación, tomar conciencia de cómo se manifiesta y cómo reaccionamos frente a él.

Algunas formas poco útiles de afrontar la situación consisten en pensar demasiado o en preocuparse. Es como si creyeras que puedes controlar o arreglar una situación pensando una y otra vez en las cosas malas que podrían ocurrir, pero que normalmente no ocurren. Al preocuparte parece que estés haciendo algo para resolver el problema, pero en realidad no arregla nada y, de hecho, puede aumentar el estrés.

Si una estrategia como la preocupación no funciona, hemos de probar algo diferente que pueda ser más útil y desbloquearnos. El hecho de prestar atención y de explorar las señales de estrés del cuerpo (como la tensión o la respiración superficial) puede lograr tres cosas importantes. Puede desviar la atención de los pensamientos inútiles, porque empezamos a prestar atención a lo que ocurre en el cuerpo en vez de adentrarnos en la madriguera de la mente. También puede darnos información importante sobre cómo nos está afectando el estrés en ese momento. Y nos da la oportunidad de hacer una pausa y *reconocer* que estamos estresados, *reflexionar* sobre lo que está pasando y tomar medidas para *restablecernos* y *responder* de una manera más útil. Estamos hablando de las 4 R –**r**econocer, **r**eflexionar, **r**establecer, **r**esponder–.

Para practicar las 4 R, resulta útil adoptar actitudes conscientes en los momentos estresantes. Al traer un poco de aceptación, curiosidad y amabilidad, en vez de intentar escapar, resistirte o adoptar una actitud evitativa, puedes aumentar tu capacidad para manejar las situaciones a las que te enfrentas y desarrollar tu resiliencia.

Qué puedes probar

He aquí una breve práctica de mindfulness que te ofrece algo diferente que puedes probar en esos momentos en los que te sientes estresado. Es especialmente útil para el estrés con «e» minúscula que tiene lugar en la vida cotidiana –algo difícil de afrontar, como un examen, el rendimiento en la escuela, o la idea de pedirle a la persona que te gusta que salga contigo, pero que no es una emergencia–.

En primer lugar, cáptalo (reconocer): Haz una pausa y date cuenta de que te sientes estresado, reconoce que hay señales procedentes de tus pensamientos, de tus emociones y/o de tus sensaciones corporales. La pausa interrumpe las reacciones automáticas y te da tiempo para que consideres tus opciones.

En segundo lugar, presta atención e investiga (reflexionar): Pregúntate: «¿Qué hay aquí?». Dirigir la atención hacia tu reacción de estrés con cierta curiosidad te proporciona información más precisa sobre lo que está ocurriendo.

En tercer lugar, tómate un momento para centrarte (restablecer): Respira hondo una o dos veces para frenar tu reacción y dar un paso atrás. Esto puede aliviar la carga o la presión para que puedas tener algo de perspectiva.

En cuarto lugar, decide qué es lo necesario (responder): A continuación, puedes elegir deliberadamente, no automáticamente, cómo responder y ser el jefe de tu cerebro. Hazte las preguntas: ¿Puedo dejar de pensar en ello y seguir adelante? ¿Puedo limitarme a aceptar que las cosas son así? ¿Necesito responder? En caso afirmativo, ¿cómo lo hago de la forma que me resulte más adecuada?

¿Cómo funciona esto en la vida cotidiana? Casey envió un mensaje de texto a una nueva amiga para quedar a estudiar, pero no recibió respuesta hasta pasadas unas horas. Así es como usó esta práctica para hacer las comprobaciones pertinentes y obtener algo de espacio a fin de no quedar atrapado en su reacción.

> *«¿Por qué me siento ansioso? Necesito parar y comprobarlo»* (reconocer).
>
> *«Tal vez no quiera estudiar conmigo. Tal vez no le gusto. Eso es lo que estoy pensando. Sí, me siento muy estresado y ansioso. Ahora necesito comprobar cómo se siente mi cuerpo. Mi mandíbula está tensa y mis hombros también. Tengo calor y me duele el estómago»* (reflejar).
>
> *«Necesito tomar el aire. Bien, eso es lo que hay. Deja que me siente con esto durante un minuto»* (restablecer).
>
> *«Esperaré un poco más, pensaré un poco en ello –quizás solo esté ocupada– y luego volveré a mandarle un mensaje»* (responder).

Con esta práctica, Casey pudo evitar caer en una reacción automática que normalmente le haría sentirse peor y, tal vez, agravar el problema. Con un poco de paciencia (sentándose con ello) y respirando de forma intencional (calmándose), pudo pensar más claramente en cómo responder. Esto le dio una visión más equilibrada.

Cuando detectes algunas señales de que estás reaccionando ante algo ligeramente estresante, prueba las 4 R y observa lo que sucede. ¿Ha sido de utilidad? Como cualquier habilidad nueva, suele funcionar mejor cuanto más la practicas.

Qué más puedes probar

Has comprobado que te sientes atrapado en una reacción de estrés que no te está ayudando. ¿De qué otro modo podrías cambiar o restablecerte para tener una mejor perspectiva o más recursos para dejar de pensar demasiado o para manejar la situación?

Para hacer frente al estrés, necesitas energía y tal vez una forma diferente de abordarlo. A veces solo necesitas un descanso. En una actividad anterior anotaste algunas de las estrategias de afrontamiento que parecen funcionar mejor en tu caso. Ahora es el momento de considerar la posibilidad de añadir otras estrategias a esta lista, de modo que tengas muchas entre las que elegir cuando las necesites.

He aquí una lista de algunas estrategias antiestrés que la gente suele considerar útiles. Marca las que podrías probar y no dudes en escribir algunas propias en las líneas en blanco.

Cambia al modo ser; entra en razón

- ☐ De modo consciente, con atención plena:

  date un baño o una ducha

  toca algún instrumento

  da un paseo por la naturaleza

  haz fotografías con tu teléfono

  pinta, dibuja o colorea

- ☐ Medita con base en la respiración o haz otra meditación, valiéndote de los sentidos o de las sensaciones corporales, como el escáner corporal.
- ☐ Túmbate al sol.
- ☐ Juega con una mascota.
- ☐ Canta a pleno pulmón tu canción favorita.
- ☐ Tómate un descanso de las redes sociales y adéntrate en el mundo usando tus sentidos.
- ☐ ....
- ☐ ....
- ☐ ....
- ☐ ....

Enfréntate al estrés con un poco de perspectiva y amabilidad contigo mismo

- ☐ Escribe tus pensamientos, tus emociones, tus sensaciones corporales y tus impulsos. Escribir un diario suele ayudar a reducir la tensión de los problemas o a distanciarse de ellos, lo cual es una gran estrategia.
- ☐ Adopta un punto de vista más equilibrado: escribe las razones por las que lo que piensas o lo que te preocupa podría no ser cierto.
- ☐ Habla con un amigo sobre tus preocupaciones.
- ☐ Haz una lista de las cosas que puedes hacer y que pueden ser útiles.
- ☐ Anota las cualidades o habilidades que tienes y que te resultarán útiles en esa situación.

☐ ____________________

☐ ____________________

☐ ____________________

☐ ____________________

Despréndete de toda esa energía reactiva

- ☐ Corre, camina, practica un deporte.
- ☐ Haz ejercicio.
- ☐ Haz yoga.
- ☐ Baila.
- ☐ Realiza alguna tarea: limpia, haz la colada, cocina algo, compra algo que necesites en la tienda.
- ☐ Llora o grita si lo necesitas.
- ☐ ______________________________
- ☐ ______________________________
- ☐ ______________________________
- ☐ ______________________________

Trata de emplear durante la próxima semana algunas de las estrategias que has detectado cuando surja el estrés con «e» minúscula. Y anota aquí brevemente el resultado. ¿Qué ha ocurrido? ¿Te han ayudado la estrategia antiestrés y la de las 4 R a permanecer consciente y hacer frente mejor al estrés?

Práctica 13 Hacer frente al estrés con «E» mayúscula

Qué debes saber

Si has estado comprobando regularmente tu mundo interior, te habrás dado cuenta de que tus estados –tus pensamientos, tus emociones y tus sensaciones corporales– cambian constantemente. Estos estados vienen y van siempre a medida que reaccionamos ante el mundo y los demás. Algunos son más cómodos que otros.

Una forma de pensar en estos diferentes estados es ponerlos en una escala, como hemos hecho antes.

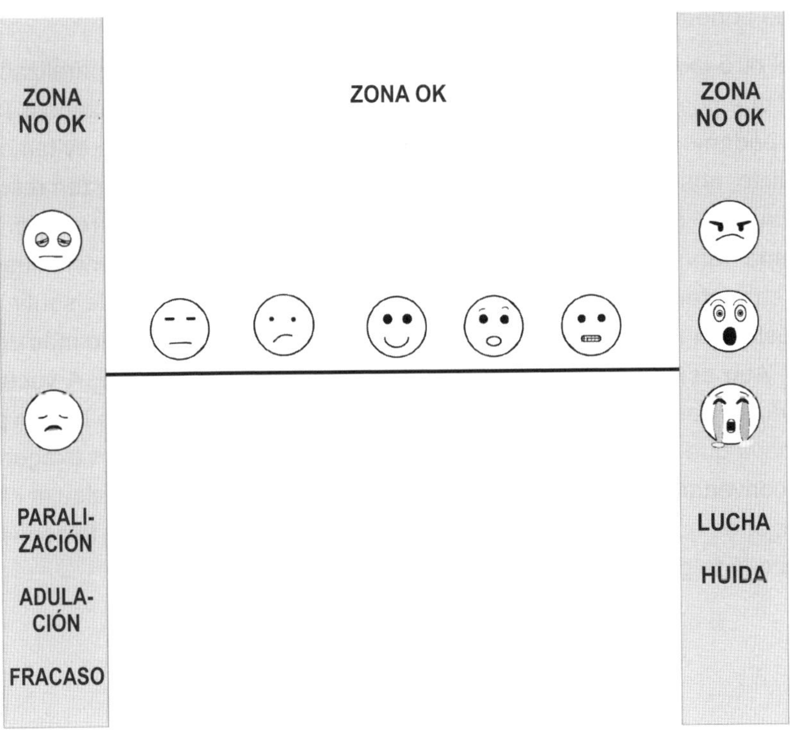

Podemos decir que, cuando nos sentimos seguros y cómodos, estamos en la zona OK. Somos capaces de abrirnos y de asimilar información, y sentimos que tenemos los recursos necesarios para afrontar lo que está ocurriendo, sea agradable o desagradable. Sin embargo, hay ocasiones en que nos vemos desencadenados o nos sentimos amenazados y nos encontramos fuera de nuestra zona OK. Esto puede ocurrir cuando hacemos frente al estrés con «E» mayúscula –que puede tratarse de un acontecimiento muy estresante al que nos enfrentamos o un estrés muy intenso, que proviene de muchas fuentes al mismo tiempo o que dura demasiado–. Cuando hacemos frente al estrés con «E» mayúscula, podemos sentirnos abrumados. Por lo general, dejamos de pensar bien. Nuestro cuerpo/mente reacciona, y nuestro sistema nervioso –el sistema que regula nuestro cuerpo y el modo en que reaccionamos ante las cosas– puede entrar en modo de lucha o huida, en el que podemos sentirnos agitados, ansiosos o enfurecidos.

En el otro lado de la balanza, podemos entrar en el modo de paralización, en el que nos sentimos adormecidos, desmotivados y desconectados. También podemos entrar en el modo adulación o fracaso, en el que evitamos el conflicto, nos derrumbamos o nos rendimos. Estos estados pueden resultar aterradores. Pero también forman parte del ser humano –y esta reacción del sistema nervioso también puede ser útil para nuestra supervivencia cuando nos enfrentamos a algo realmente difícil, y cuando el hecho de sentir una angustia y un pánico intensos haría que las cosas fueran mucho más difíciles–. Aun así, no siempre tenemos que dejar que nos controle. A veces el estado se pasa sin más; a veces es una señal de que realmente hay un problema al que debes hacer frente. Y otras veces es una reacción exagerada que convendría replantearse o responder de otra manera. En cualquier caso, lo mejor es que manejes estas reacciones de estrés y vuelvas a la zona OK, en la que te desenvuelves mejor.

Qué puedes probar

La siguiente práctica, el cambio consciente (inspirada en Segal, Williams y Teasdale, 2002, 2013), entra dentro de la categoría del estrés con «E» mayúscula. Puede ayudarte a volver a estar en línea cuando tu estado emocional esté controlando tu cerebro y tu cuerpo.

He aquí una serie de pasos que te guiarán a través de una reacción de estrés intensa.

NOTA: Si en algún momento esta práctica de mindfulness te resulta demasiado intensa o abrumadora, recuerda que hay formas muy hábiles de abordarla: tal vez abriendo los ojos si están cerrados, observando la habitación en la que estás, nombrando algunos de los objetos que ves y advirtiendo sus colores, sus formas y sus texturas. O valiéndote del sentido del tacto para conectar con la tierra en este momento: juntando las palmas de las manos o colocándolas sobre el regazo y presionando suavemente las palmas y los dedos. O apoyando intencionalmente los pies en el suelo y advirtiendo las sensaciones que surgen. O usando la respiración, haciendo más profunda la inspiración y alargando la espiración. Y, en caso necesario, siempre puedes detener la práctica y tomarte un descanso. Más adelante, en la sección «Qué más puedes probar», encontrarás otras ideas.

Sigue estos pasos cuando te sientas estresado, decaído, agitado, ansioso o exasperado:

Observa brevemente qué pensamientos, emociones y sensaciones están presentes. Unos segundos pueden bastar, y luego puedes avanzar al siguiente paso.

Si hay emociones, ponles nombre... tal vez diciendo: «La tristeza está aquí», «la ansiedad está aquí», o: «La irritación está aquí», sean cuales sean... (recuerda, ¡ponles nombre para afirmarlas! Ser dueño de tus emociones y detectarlas puede resultar empoderador).

A continuación, presta atención a las sensaciones corporales de las que seas consciente, con curiosidad. Siente realmente tus emociones en el cuerpo, quédate ahí y explóralas –permanece con ellas lo mejor que puedas, incluso si son desagradables–. Puedes decirte a ti mismo: «Este es un momento de estrés y dificultad. Está bien, déjame sentir eso. Está bien, esto es lo que hay. Puedo permanecer con esto». Si las emociones y las sensaciones corporales son particularmente desafiantes, adviértelo. En caso necesario, respira con ellas al inspirar y suéltalas lo mejor que puedas al espirar, permaneciendo con estas sensaciones y emociones mientras retengan tu atención.

Cuando estés preparado, desplaza tu atención de la sensación corporal concreta a las sensaciones de la respiración en el vientre.

Amplía ahora la atención a todo el cuerpo, desde la parte superior de la cabeza hasta la punta de los dedos de los pies, trayendo una conciencia más grande y abierta a la experiencia; tal vez comprobando lo que notas ahora.

Con esta práctica, has interrumpido lo que es automático con una pausa consciente, *reconociendo* y *reflexionando* sobre lo que hay aquí –detectando pensamientos, poniendo nombre a las emociones y explorando las sensaciones corporales–. *Restablecerte*, prestando atención a las sensaciones de la respiración, y luego ampliando la atención a todo el cuerpo, puede ayudarte a *responder* desde una perspectiva ampliada.

Piensa ahora en lo que necesitas o en cómo podrías responder en tu propio interés. He aquí algunas preguntas que puedes hacerte y algunas posibles respuestas para saber qué hacer a continuación.

¿Dejar ir?

Estos pensamientos son solo pensamientos, no hechos.

Estoy pensando demasiado en esto.

En realidad no necesito prestar atención a esto ahora porque no sé qué va a suceder.

¿Dejar ser?

Esto es difícil para mí. Puede que no sea capaz de «arreglar» esto, pero puedo ser amable conmigo mismo.

Así son las cosas. Sé que todas las cosas van y vienen.

¿Necesito hacer algo al respecto?

¿Entiendo verdaderamente esto?

¿Tengo que elaborar un plan para responder, tal vez cuando no esté atrapado en una reacción?

¿Cómo cambio mi estado o desplazo mi atención de modo que no quede atrapado en una reacción que no es útil?

Esto es demasiado ahora mismo.

Estoy dando vueltas en círculos. ¿Cómo puedo cambiar, calmarme o cuidarme?

Construir la capacidad de permanecer con el malestar es un superpoder que puedes desarrollar con el tiempo. Es una forma muy diferente de hacer frente a las dificultades a la que solemos emplear muchos de nosotros, que consiste en intentar solucionar inmediatamente el problema (algo que a menudo no funciona) o alejarse de él. El cambio consciente te permite permanecer con tu reacción el tiempo suficiente para saber qué es lo que realmente se necesita, y preguntar: «¿Se puede cambiar el problema o tengo que cambiar mi reacción?». Recuerda que se trata de una habilidad aprendida que habrá que practicar para que resulte eficaz y para que esté a tu disposición cuando la necesites.

Qué más puedes probar

Digamos que haces el cambio consciente y te das cuenta de que te has salido de tu zona OK. Aunque te hayas hecho las preguntas y hayas determinado qué te gustaría probar a continuación, tienes que recuperar el equilibrio emocional y volver a estar en línea antes de hacer nada.

Hay algunas estrategias que pueden ayudarte a conseguirlo. Una de ellas es realizar una actividad que te ayude a volver a tu zona OK, como beber un vaso de agua, sostener unos cubitos de hielo, echarte agua en la cara, respirar lentamente unas cuantas veces, poner música que te guste, hacer algo físico como caminar o bailar, o llamar a un amigo.

También hay algunos ejercicios específicos de conexión con la tierra que pueden ser útiles en el momento, como centrarse en las sensaciones de los pies al tocar el suelo, prestar atención a las manos (y tocarlas si te resulta útil) durante unos minutos, o mirar y etiquetar diferentes objetos de la habitación, valiéndote de tus sentidos. Las prácticas de conexión con la tierra tienen un propósito diferente al de las prácticas de mindfulness que hemos estado llevando a cabo, en las que observamos y aprendemos de lo que ocurre sin intentar cambiarlo o arreglarlo inmediatamente. Con las prácticas de conexión con la tierra, nuestra intención u objetivo es cambiar nuestro estado cuando lo necesitemos, a fin de volver a nuestra zona OK.

Dedica unos minutos a familiarizarte con el conocido ejercicio de conexión con la tierra de la página siguiente. Pruébalo la próxima vez que te sientas fuera de tu zona OK, a fin de volver a ese espacio de pensamiento y acción conscientes. La práctica continuada hará que te resulte más eficaz cuando lo necesites.

Advierte **5 cosas que puedas ver**. Mira a tu alrededor y toma conciencia de tu entorno. Sé consciente de la forma, el color, la profundidad y otra información visual.

Advierte **4 cosas que puedas sentir físicamente**. Presta atención a lo que estés sintiendo en ese momento, como la textura de tu ropa o la superficie lisa de la mesa sobre la que apoyas las manos.

Advierte **3 cosas que puedas oír**. Escucha los sonidos. Puede ser el piar de los pájaros o el zumbido de un electrodoméstico en la habitación contigua.

Advierte **2 cosas que puedas oler**. Presta atención a los olores, agradables o desagradables. Percibe cualquier aroma que haya en la habitación o el de los alimentos que se están cocinando en la cocina.

Por último, advierte **1 cosa que puedas saborear**. Toma un sorbo de una bebida, mastica chicle o nota a qué sabe tu boca.

Puedes crear un «kit» de autocuidado (en un estuche o en una bolsa) con cosas que activen tus sentidos para aquellas ocasiones en que quieras centrar tu atención. Este kit constituye otro modo de ayudarte a cambiar tu estado hacia la zona OK cuando decidas que eso es lo que necesitas hacer.

¿Qué pequeñas cosas puedes poner en tu kit que te sirvan para activar plenamente tus sentidos de forma positiva? Piensa en cosas que tengas en casa o que sean fáciles de conseguir –por ejemplo, caramelos ácidos, un té que te guste, chocolate (sabor); calcetines gruesos, una piedra lisa, una pelota blanda (tacto); y una vela (vista u olfato)–. Únicamente tienes que estar seguro de que los objetos sean especiales para ti, dependiendo de qué sentidos sean más importantes en tu caso.

Independientemente de lo que acabes poniendo en tu kit, ten en cuenta que los objetos pueden dejar de cumplir su función después de utilizarse durante un tiempo. Si ves que un objeto de tu kit ya no funciona tan bien como antes, puede que sea el momento de cambiarlo por otro. Lo importante es saber qué es lo que funciona en tu caso.

En el siguiente capítulo, veremos cómo cuidar de ti mismo.

5
Cuidar de ti mismo

Queremos crear las condiciones que nos ayuden a ser fuertes y equilibrados, a gestionar los desafíos y a responder hábilmente lo mejor que podamos. También queremos respondernos a nosotros mismos con el mismo cuidado y compasión que ofreceríamos a un amigo –especialmente cuando las cosas se ponen difíciles–. Reconocer tu propia experiencia de vulnerabilidad o de dificultad, y afrontarla con paciencia y amabilidad, implica que estarás en mejores condiciones de aprender de cualquier dificultad que atravieses, en vez de gastar tu energía en ser duro contigo mismo. Una actitud más amable y comprensiva no solo es buena para ti, sino también para tus relaciones. Desarrollar algo de resiliencia y paciencia con nosotros mismos cuando tenemos dificultades facilita que los demás conecten con nosotros y nos apoyen. También nos damos cuenta de que los demás tienen experiencias similares y podemos ofrecerles más fácilmente ese cuidado y esa compasión.

Aunque muchos de nosotros no solemos hacer del autocuidado una prioridad, la buena noticia es que el cuidado de uno mismo y de los demás aumenta nuestra capacidad para manejar los contratiempos y nuestra sensación de bienestar, manteniendo nuestra batería cargada para manejar el estrés que se nos viene encima.

Práctica 14 Mantener tu batería cargada

Qué debes saber

Nadie afronta bien los retos, las dificultades o las situaciones estresantes cuando no tiene mucha energía o recursos. El autocuidado no solo nos da fuerza y una sensación de bienestar, sino que también nos protege del agotamiento cuando tenemos que manejar el estrés. La conciencia plena –entrar en contacto con nuestro mundo interior– es un primer paso para saber cuándo necesitamos un mayor autocuidado para mantener la batería cargada. En vez de seguir nuestros hábitos automáticamente, la conciencia nos permite dar el segundo paso: tomar decisiones intencionadas sobre cómo cuidar de nosotros y desarrollar nuestra resiliencia al estrés.

Qué puedes probar

Completa este ejercicio y averigua qué es lo que carga o agota tu batería. Quizás te sorprendan tus descubrimientos. En la primera columna, haz una lista de las cosas que haces en un día normal, desde que te levantas por la mañana hasta que te acuestas por la noche; por ejemplo, levantarte, desayunar, vestirte, etc. Trata de incluir alrededor de 15 cosas en la lista.

En la siguiente columna, califica cada actividad como E, A o 0. Usa

E si te da *energía* o alivia tu estado de ánimo;

A si *agota* tu energía o disminuye tu estado de ánimo;

0 si es *neutral* –no tiene un efecto ni el otro–.

En la columna «Tipo», al lado de las actividades que calificaste con la E, pon L, P o S. Usa

L si *logra* algo (puede ser algo pequeño);

P si te da *placer*;

S si es *social*.

Actividad	Calificación	Tipo

¿Qué has notado o aprendido al hacer este ejercicio?

¿Te ha sorprendido que algo fuera energizante, agotador o neutral? ¿Has observado algún patrón?

¿Cómo es el equilibrio entre las actividades calificadas como E y las calificadas como A? ¿Necesitas algún ajuste para mantenerte en equilibrio y resiliente?

Por lo general, las personas descubren que conseguir algo (aunque sea muy pequeño), hacer algo que les produce placer o establecer una conexión social positiva les da energía y les levanta el estado de ánimo. Si pudieras planificar más actividades de este tipo en tu día a día, ¿cuáles serían?

Hay ocasiones en que, con ciertas elecciones o planes, puedes hacer menos cosas que te agotan o disminuyen tu estado de ánimo. Sin embargo, hay cosas que no puedes cambiar –tienes que hacerlas–. ¿Se te ocurre alguna forma de hacer que estas cosas sean menos agotadoras –un cambio de actitud, hacerlas más interesantes o divertidas combinándolas con algo que te guste, o ponerles un límite de tiempo–? Piensa en un plan que puedas llevar a cabo durante la próxima semana a modo de experimento. Intenta hacer algo que te dé más energía y, asimismo, cambia algo de una de tus actividades más agotadoras. Anota aquí tu plan.

(Inspirado en Segal et al., 2002, 2013)

Qué más puedes probar

El autocuidado no solo se trata de lo que hacemos. También tiene que ver con cómo cuidamos nuestro cuerpo, nuestra salud mental y emocional y nuestras relaciones. Se trata de lo que nos inspira y de cómo conseguimos que nuestra vida tenga sentido. A fin de crear un conjunto de herramientas de autocuidado equilibrado de aquello que necesitas, considera todas las áreas de tu vida. Este gráfico circular presenta un ejemplo.

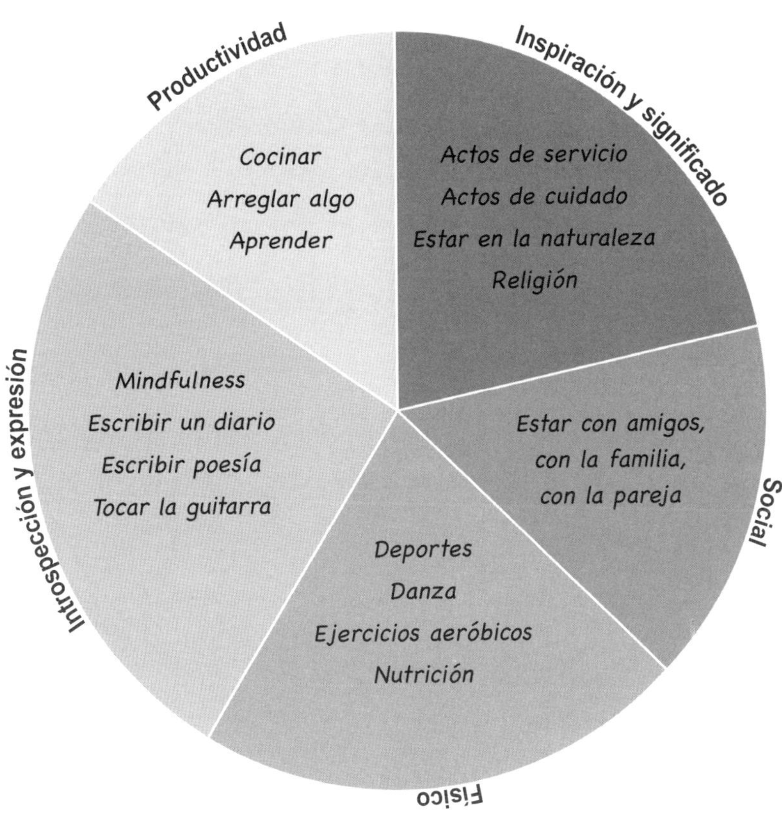

Sin embargo, la vida de cada persona es única. Piensa en lo que estás haciendo ahora y que funciona en tu caso, y también en lo que puedes querer o necesitar para sentirte lo mejor posible. Acuérdate de señalar las actividades específicas que llevarás a cabo regularmente para apoyarte. Anota en este gráfico circular en blanco las actividades (herramientas) que has escogido y muestra la importancia que debería tener cada una de ellas para tu autocuidado.

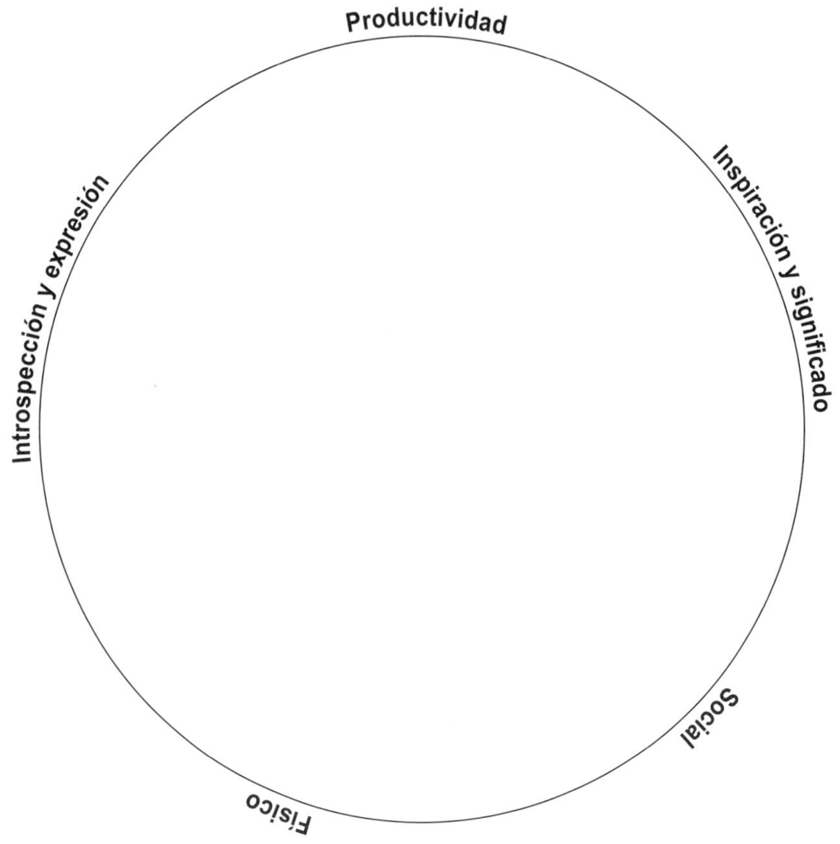

El autocuidado es una forma de ser bueno contigo mismo y de reconocer que lo mereces. Ser compasivo contigo mismo es otra forma importante de autocuidado.

Práctica 15 Compasión por ti

Qué debes saber

Ser compasivo con uno mismo no suele ser fácil. Podemos ser duros con nosotros mismos –¿alguna vez te has insultado o te has gritado cosas como: «¡Qué idiota!», o: «¡No seas tan estúpido!»?–. Compasión por ti mismo significa saber cuándo estás sufriendo y tratarte con amabilidad, especialmente cuando no te sientes bien. Compasión por ti mismo significa convertirte en tu propio amigo.

Desarrollar la autocompasión tiene muchas ventajas. Sabemos, por ejemplo, que las personas que hacen frente a estados de ánimo difíciles tienen menos probabilidades de quedar atrapadas en un ciclo de autocharlas negativas que disminuyen el estado de ánimo y la motivación si son amables consigo mismas. Es más probable que se recuperen de patrones de reacción automáticos a las cosas, lo que las hace más resilientes (Kuyken, Watkins et al., 2010). Ser resiliente significa que puedes recuperarte más rápidamente de los contratiempos, como cometer un error o meterte en una pelea. Es decir, puedes aprender a lidiar mejor con lo que sientes y volver a hacer lo que quieres hacer.

La autocompasión comienza con la conciencia plena –das un paso atrás y reconoces las señales que te indican cuándo tienes dificultades, cuándo estás estresado o cuándo te estás juzgando con dureza–. A continuación, adoptas una actitud más amable, paciente y comprensiva contigo mismo. Así es como querríamos tratar a un amigo que está pasando por dificultades y necesita apoyo. Tú también te lo mereces.

Cuando cometes errores, te encuentras en situaciones difíciles o experimentas emociones angustiosas, el hecho de reconocer que no estás solo también puede resultarte de ayuda. Esto forma parte de ser humano, no es un fracaso ni un motivo de culpa o de vergüenza. Se necesita compasión para afrontar mejor los retos. Si puedes practicar esto, estarás en mejores condiciones para mantener cierta perspectiva, para hacer lo que sea necesario y para seguir adelante. El cambio consciente del capítulo 3 te ofrece una práctica de meditación formal que puedes usar, o simplemente puedes acordarte de decirte a ti mismo (inspirado en Neff, 2011):

- *Estoy en un momento difícil.*
- *Déjame ser amable y un amigo para mí mismo, porque eso me ayudará a lidiar con ello.*
- *Todo el mundo pasa por dificultades. No estoy solo.*
- *¿Qué necesito que realmente me ayude?*

Qué puedes probar

Cuando te encuentres acumulando autocrítica, culpa o vergüenza, o insultándote a ti mismo, prueba a cambiarlo por algo más amable y alentador, y que siga siendo cierto.

Oh, amigo... lo has vuelto a hacer.

No he tomado la mejor decisión, pero... ¿qué puedo aprender de ello?

Lo estoy haciendo lo mejor que puedo...

Esto es difícil para mí... ¿qué puedo hacer que me resulte de ayuda?

O tal vez tengas un apodo que te guste, o un apelativo cariñoso que utilice alguien importante para ti y que te haga sentirte cuidado. Puedes hablarte a ti mismo usando este nombre más cariñoso en vez de los otros más duros.

Escribe en las siguientes líneas dos frases amables y alentadoras que puedas decirte a ti mismo cuando tengas dificultades y necesites un poco de autocompasión para afrontarlas mejor. Pruébalas y, a continuación, comprueba lo que se siente y si pueden serte útiles.

¿Recuerdas el sesgo de negatividad que viste en la práctica 5? En realidad, es más fácil caer en el hábito destructivo de insultarse a uno mismo. Puede que al principio te parezca raro decirte cosas bonitas, pero con práctica te resultará más fácil y te familiarizarás con ello.

Qué más puedes probar

Se sabe que el tacto transmite intimidad, amor y compasión (Field, 2010). Los seres humanos son criaturas táctiles. Aunque el hecho de que otra persona te toque puede ser reconfortante, quizá te sorprenda saber que tocarte a ti mismo de forma suave, abrazarte o darte un apretón puede calmarte y hacer que te sientas cuidado. De hecho, te estás cuidando y estás trayendo compasión a ti mismo.

Prueba estas distintas formas de autocontacto durante 10-30 segundos cada una, y presta atención a lo que adviertas y a las emociones que sientas. También puedes idear otras formas de tranquilizarte a través del tacto. Averigua cuáles te resultan más cómodas. Puedes utilizarlas cuando experimentes emociones difíciles o simplemente quieras cuidar de ti mismo de una forma diferente. Experimenta con ellas ahora.

- Acarícíate la cabeza desde la frente hasta la base del cuello.
- Sostén la barbilla y la cara con las dos manos y cierra los ojos.
- Cruza los brazos y acarícialos suavemente de arriba abajo.
- Date un abrazo y bésate un hombro y después el otro.
- Túmbate boca arriba, coloca una mano en el centro de tu pecho y la otra en tu vientre, y respira lentamente.
- Sostén suavemente las manos de la forma que te resulte más cómoda.
- Date un masaje en los pies.

¿Puedes usar alguna o varias de estas formas de tocarte a ti mismo? Como todo, tiendes a obtener una respuesta positiva más rápida si lo practicas. Tu sistema nervioso podría agradeceré este regalo que te haces a ti mismo. Te sugiero que pruebes y veas si te resulta útil.

En el siguiente capítulo, analizaremos la compasión por los demás y cómo crear relaciones conscientes. Las relaciones suelen ser nuestros mayores estresores, pero también pueden ser nuestras mayores fuentes de apoyo. Llevar la atención plena a nuestras interacciones con los demás puede enriquecer nuestras relaciones y ayudarnos a afrontar los conflictos con menos estrés.

6
Comunicación y conexión conscientes

A través del mindfulness podemos aprender algunas cosas importantes sobre el ser humano. Nuestra mente está muy ocupada juzgando, analizando y comparándonos con los demás. Mientras tanto, nuestro sistema de respuesta al estrés físico suele reaccionar ante una posible amenaza, aunque dicha amenaza provenga simplemente de imaginar que no le gustamos a alguien o que no nos aprueba. Tener una idea de cómo funcionamos nos hace ver que no todo tiene que ver con nosotros; somos iguales y estamos conectados. En esos momentos, lo que hace falta es un poco de compasión por nosotros mismos y por los demás. En este capítulo, exploraremos de forma consciente cómo nos comunicamos y conectamos con los demás.

Práctica 16 *Escucha* como si realmente estuvieras aquí; *habla* como si realmente te importara

Qué debes saber

¿A veces piensas que la gente no te escucha? Tal vez pienses que lo que has dicho se ha malinterpretado o se ha ignorado. Por otro lado, ¿alguna vez piensas que no estás escuchando a los demás? En ocasiones, no es hasta mucho después de haber mantenido una conversación que te das cuenta de que, en realidad, no has escuchado lo que alguien te ha dicho, o de que has hecho que la conversación gire en torno a ti cuando no era tu intención.

No eres el único. Hay muchas cosas que nos impiden asimilar lo que dice la gente. Hay otras cosas que compiten por nuestra atención. A menudo estamos planeando lo que vamos a responder o pensando en otra cosa. Es fácil perderse en los propios pensamientos cuando intentamos escuchar. Es normal que reaccionemos automáticamente a lo que se dice (juzgar, comparar, llevar al terreno de lo personal o presumir que sabemos lo que alguien está diciendo). Pero las cosas no tienen por qué ser así.

¿Cómo sería la escucha atenta y cómo te ayudaría en tus relaciones? ¿Qué te parecería que la persona con la que hablas te prestara toda su atención, sin ninguna agenda propia, y te sintieras realmente escuchado? A veces, todo lo que nosotros o cualquier otra persona necesita es un oído que escuche, y la escucha atenta puede ayudarnos a aprender a hacerlo.

También podemos aprender a practicar el habla consciente. En las conversaciones, todos decimos cosas de las que desearíamos poder retractarnos. Lo que dices puede herir, enfadar o dañar a alguien, aunque no sea tu intención. Por eso, puede ser útil adoptar una actitud consciente al hablar –prestar atención, elegir realmente lo que vas a decir (intención) y tener una actitud amable–.

En esta actividad, aprenderás dos formas de dirigir tu atención consciente y tus actitudes –como la curiosidad, la paciencia, la falta de juicio y la amabilidad– a tu comunicación con los demás a fin de mejorar tus relaciones.

Qué puedes probar

Esta práctica (HEAR)[1] está en línea con la versión descrita por la *coach* de mindfulness Elaine Smookler (2017).

> Aquí: permanece realmente *aquí* y ofrece toda tu atención.
>
> Disfrutar: *disfruta* de una respiración y escucha lo que se dice, te guste o no.
>
> Preguntar: *pregúntate* si realmente sabes lo que quiere decir la otra persona y pide aclaraciones en caso de necesitarlas. Aporta apertura y curiosidad a la interacción. Puede que te sorprenda lo que descubras.
>
> Reflexionar: *reflexiona* sobre lo que has oído. Esto le dice a la persona que está hablando que realmente estabas escuchando.

Prueba esta práctica con un amigo o familiar en una conversación breve. Tal vez te des cuenta de que no es tan fácil prestar toda tu atención, estar abierto y mostrar una actitud de curiosidad ante lo que alguien dice, pero hazlo lo mejor que puedas y fíjate en lo que surja. Escribe tus observaciones a continuación:

1. En inglés, práctica HEAR: here, enjoy, ask, reflect (NdT).

Qué más puedes probar

Esta práctica (TALK)[2] puede ayudarte a hablar de forma consciente cuando quieres tener cuidado con lo que dices.

Tomar: *toma* aire y reflexiona sobre tu estado, sobre lo que quieres decir y sobre cómo decirlo.

Actitud: pregúntate a ti mismo: ¿Qué *actitud* estoy trayendo a esta conversación? ¿Es útil o perjudicial?

Escuchar: *escucha* lo que piensas sobre lo que quieres decir. ¿Es cierto? ¿Es necesario? ¿Es amable?

Amable: háblate con *amabilidad* a ti mismo y a los demás lo mejor que puedas, ya sea defendiéndote, reconociendo un problema o haciendo una observación. A menudo no resulta fácil, pero así es más probable que te escuchen.

Prueba esta práctica con un amigo o familiar en una conversación breve, sobre todo si quieres ser cuidadoso y reflexivo con lo que dices. Escribe tus observaciones a continuación:

Emplear estas dos técnicas (HEAR y TALK) en tus conversaciones requiere práctica porque no es nuestra forma habitual y automática de comunicarnos. Hazlo lo mejor que puedas y observa lo que surge. Comprueba si te resulta más fácil escuchar a los demás y que te escuchen a ti.

2. En inglés, práctica TALK: take, attitude, listen, kind (NdT).

Práctica 17 Conversaciones y mensajes estresantes

Qué debes saber

Las habilidades del mindfulness, como ser consciente de las propias reacciones y elegir cómo responder en vez de reaccionar, pueden ser muy útiles cuando el hecho de hablar o enviar mensajes a otras personas resulta estresante. Cuando pensamos que algo que nos han dicho es amenazador, agresivo, hiriente, irrespetuoso o confuso, reaccionamos, aunque la persona no haya querido decir eso. Podemos quedar secuestrados emocionalmente. Como ocurre con cualquier tipo de estrés, quedar atrapado en una reacción suele empeorar la situación y la interacción; nuestro pensamiento, nuestra empatía y nuestro juicio se desconectan. Es entonces cuando conviene disponer de algunas herramientas para calmarse, dar un paso atrás para tener algo de perspectiva y decidir cómo queremos manejar la interacción. Una forma de hacerlo es hacer una pausa consciente o respirar y comprobar cómo estás. Esta pausa también puede ser útil cuando usas las redes sociales y te ves desencadenado por algo que percibes como desafiante o amenazador.

Qué puedes probar

Piensa en alguna ocasión en la que hayas mantenido una conversación difícil que te haya angustiado. ¿Habría sido diferente si hubieras sido capaz de reducir la velocidad y de ver las cosas con perspectiva?

Anota la situación. ¿Con quién estabas? ¿Dónde estabas? ¿Cuándo ocurrió? ¿Estabas intercambiando mensajes, cara a cara o por teléfono?

¿Qué pensamientos te vinieron a la cabeza?

¿Qué emociones experimentaste?

¿Qué le ocurrió a tu cuerpo?

¿Qué crees que le pasaba a la otra persona? Enumera todas las posibilidades que puedas, incluidas las que no tengan nada que ver contigo.

¿Cuánto tiempo estuviste pensando después en la conversación? ¿Qué ventajas e inconvenientes tuvo esto?

¿Se te ocurre alguna forma consciente [mindful] en la que podrías haber respondido?

Al escribir todo esto, ¿aprendiste algo o viste algo diferente de lo que veías en un principio?

Práctica 18 Conexión: tú y yo

Qué debes saber

Nuestras diferencias son importantes. Nuestros antecedentes, nuestra historia y nuestras cualidades únicas contribuyen a que seamos quienes somos. Conectar de verdad con los demás implica comprender y respetar esas diferencias. Al mismo tiempo, es importante ver que, como seres humanos, somos más parecidos que diferentes y que estamos necesariamente interconectados. Reconocer esto puede ayudar a que no nos tomemos las cosas de una forma tan personal (*¡Todo esto gira en torno a mí!*) y a ser más empáticos y compasivos con los demás (*¡Aquí hay alguien más que yo!*). Este reconocimiento también puede ayudarnos a recordar que hemos de tratarnos a nosotros mismos del mismo modo en que tratamos a los demás –del modo en que queremos que nos traten–. Cuando vemos lo interconectados que estamos, también nos damos cuenta de que no estamos solos, aunque a veces nos sintamos así. Y, por último, los estudios parecen mostrar que cuanto más compasivos somos con nosotros mismos y con los demás, más felices somos.

Qué puedes probar

La siguiente práctica se centra en la conexión; pruébala a ver qué notas. No es necesario sentir nada en particular. Limítate a abordarla como un experimento.

Ponte en una posición cómoda, cierra los ojos durante cinco minutos y presta atención a tu cuerpo sentado y a cualquier sensación que notes dentro del cuerpo y en la superficie de la piel. Comprueba lo que está presente ahora en tus pensamientos o emociones, y luego dedica un par de minutos a prestar atención a las sensaciones de tu respiración allí donde seas más consciente de ellas. A continuación, piensa en alguien que conozcas, quizá no muy bien, alguien con quien te sientas bien o neutral. Si tienes una fotografía de esa persona o de los dos, puedes tenerla contigo durante esta práctica. Ahora, ya sea viendo a esta persona en tu mente o mirando la fotografía, lee despacio *únicamente* las afirmaciones de la primera columna:

Es como yo	Es como ella
Esta persona es un ser humano como yo.	Soy un ser humano como ella.
Tiene un cuerpo, pensamientos y emociones como yo.	Tengo un cuerpo, pensamientos y emociones como ella.
Expulsa gases como yo.	Expulso gases como ella.
Se ríe como yo.	Me río como ella.
Se pone triste como yo.	Me pongo triste como ella.
Se enfada como yo.	Me enfado como ella.
Se viene arriba como yo.	Me vengo arriba como ella.
Se deprime como yo.	Me deprimo como ella.
Tiene miedos como yo.	Tengo miedos como ella.
Tiene lágrimas como yo.	Tengo lágrimas como ella.
Quiere amor como yo.	Quiero amor como ella.
Quiere alegrías como yo.	Quiero alegrías como ella.
Tiene esperanzas como yo.	Tengo esperanzas como ella.
Come comida basura como yo.	Como comida basura como ella.
Bebe agua como yo.	Bebo agua como ella.
Necesita dormir como yo.	Necesito dormir como ella.
Tiene dolor como yo.	Tengo dolor como ella.
Orina y defeca como yo.	Orino y defeco como ella.
Lleva ropa como yo.	Llevo ropa como ella.
Tiene cosas que le gustan como yo.	Tengo cosas que me gustan como ella.
Tiene cosas que no le gustan como yo.	Tengo cosas que no me gustan como ella.
Necesita cuidado y amabilidad como yo.	Necesito cuidado y amabilidad como ella.

Cierra ahora los ojos y respira hondo varias veces. Vuelve a abrirlos y, ya sea recordando a esa persona o mirando la fotografía, lee lentamente las afirmaciones de la columna derecha.

Por último, imagínate a ti y a la otra persona juntos o mira una foto en la que aparezcáis los dos, y elabora pensamientos o deseos por el bienestar de ambos. He aquí algunos ejemplos.

Que ambos seamos felices y amados.

Que ambos seamos cuidados y cuidemos de los demás.

Que ambos nos sintamos seguros y bien.

Que ambos seamos amables con nosotros mismos cuando lo estemos pasando mal.

Puedes anotar otros pensamientos o deseos que sean significativos en tu caso.

Ahora vuelve a cerrar los ojos, acuérdate de los dos y repite lentamente y para ti mismo la frase o frases varias veces, haciendo una pausa entre ellas. Advierte qué emociones o sensaciones corporales surgen, si es que surge alguna, mientras extiendes estos cálidos deseos. A continuación, abre los ojos y deja de lado esta práctica, moviendo el cuerpo como quieras.

Escribe ahora cualquier pensamiento u observación que tengas sobre esta práctica.

Práctica 19 Desarrollar tu corazón consciente

Qué debes saber

¿Recuerdas algún momento en el que te sintieras cerca de una persona o de una mascota y tuvieras sentimientos cálidos hacia ella –alguien a quien apreciaras, a quien realmente «vieras» y desearas lo mejor–? Todos hemos tenido esta experiencia, y nos hace sentir bien. Tal vez sentiste que tu corazón se abría a otro ser. Esta calidez va más allá de ti mismo y se extiende al otro ser y, si lo piensas, podrías desear que fuera feliz, que esté sano, libre de estrés y sufrimiento.

Hay meditaciones mindfulness que nos ayudar a cultivar estos sentimientos y actitudes para que podamos tener esta experiencia más fácilmente y con más frecuencia. En esta práctica, estamos trayendo intencionalmente actitudes de bondad y generosidad a los demás. Nada garantiza que vayas a sentir nada. Sin embargo, con un poco de experimentación y repetición, este estado puede estar más disponible y ser cada vez más automático, en vez de ocurrir por casualidad. Con práctica, desarrollarás el hábito de conectar con los demás de esta manera cálida y abierta.

Qué puedes probar

Puedes llevar a cabo esta práctica con personas que conozcas o que no conozcas, con una mascota o con un ser vivo. Lo importante es establecer la intención de despertar en ti sentimientos de cuidado y deseos cálidos hacia los demás. No es necesario sentir nada. A modo de experimento, prueba una o varias de las siguientes opciones durante una semana.

Siéntate y cierra los ojos durante cinco minutos, teniendo en mente a la otra persona o ser en el que te estás centrando, y diciéndote a ti mismo varias veces –y haciendo pausas– lo más sinceramente posible: «Espero que estés bien». Intenta entrar en contacto con ese sentimiento que experimentas por las personas que te importan, en tu corazón y en tu cuerpo. Puedes colocar una mano sobre el pecho si así lo deseas.

Cuando te cruces con desconocidos por la calle durante la próxima semana, intenta retener durante un momento en tu mente a las personas que veas y, en silencio, di para tus adentros: «Espero que estés bien». Puedes hacer eso durante cinco minutos más o menos una vez al día, quizá con cinco personas, cuando vayas de camino a algún sitio.

En momentos aleatorios, cuando estés con familiares o amigos, tómate un momento y di para tus adentros: «Espero que estés bien». La próxima vez que estés con ese grupo, practica esto cinco veces durante la reunión.

Si tienes una conexión con los animales y la naturaleza, puedes dirigirles tus buenos deseos. Elige un momento concreto, una vez a la semana durante cinco minutos. Todos los seres y las cosas vivas merecen nuestro cuidado y nuestras esperanzas de bienestar, y es estupendo dirigir la atención hacia ellos. Hacerlo también contribuye a nuestra propia felicidad.

Pruebes lo que pruebes, fíjate en lo que te ocurre al hacerlo y escribe aquí tus observaciones:

7
Seguir adelante

¡Enhorabuena por haber llegado a la última parte de este cuaderno de trabajo de mindfulness! Gracias por tus esfuerzos y gracias a ti mismo por tus esfuerzos. Este capítulo te ayudará a reflexionar sobre lo que has aprendido –el conocimiento, las habilidades, las prácticas y las actitudes conscientes– y sobre cómo usarás este aprendizaje en el futuro.

Práctica 20 Echar la vista atrás

Qué debes saber

El aprendizaje funciona mejor cuando pensamos en lo que hemos aprendido después de haberlo aprendido, y cuando nos acordamos de aplicarlo en nuestras vidas. Tanto si has realizado todas las prácticas como si has llevado a cabo algunas de ellas, es bueno reflexionar sobre lo que has aprendido para que te resulte útil en el futuro.

Qué puedes probar

En primer lugar, piensa en tu experiencia con este libro en general.

¿Ha habido sorpresas?

¿Qué has advertido o aprendido que te gustaría recordar de cara al futuro?

¿Has adquirido alguna habilidad nueva como resultado de las diferentes actividades y prácticas que has llevado a cabo?

Con el objetivo de refrescar tu memoria, he aquí una lista de cosas que hemos visto. Pon una marca al lado de la información o las actividades que te hayan parecido más interesantes o útiles.

Prácticas formales

- ☐ STOP.
- ☐ Conciencia de la respiración.
- ☐ Comprobación consciente.
- ☐ Las 4 R (reconocer, reflexionar, restablecer, responder).
- ☐ Cambio consciente.
- ☐ Prácticas de conexión con la tierra (sentir las manos o las plantas de los pies, prestar atención a los cinco sentidos o usar un kit de autocuidado, cuando se está fuera de la zona OK).
- ☐ Práctica HEAR para escuchar de forma consciente; práctica TALK para hablar de forma consciente.
- ☐ Son como yo; soy como ellas.
- ☐ «Espero que estés bien» (sentado).

Prácticas informales y habilidades

- ☐ Sentir curiosidad y observar tu mundo interior.
- ☐ Detectar pensamientos, emociones y sensaciones a medida que se producen.
- ☐ Aprovechar las oportunidades de la vida cotidiana, como prestar atención a los sentidos mientras lavas los platos, para ser consciente.
- ☐ Prestar toda tu atención a una experiencia positiva.
- ☐ Advertir cuándo estás estresado e investigar lo que ocurre en el momento.
- ☐ Explorar actitudes conscientes –no juzgar a los demás tan duramente, desarrollar la paciencia y la amabilidad–.
- ☐ Usar un contacto de apoyo para la autocompasión.
- ☐ Reconocer cuándo hay que cargar la batería.
- ☐ «Espero que estés bien» (caminando, con amigos, con la familia, en la naturaleza).

Conciencia y conocimiento

- ☐ Modo hacer y modo ser –podemos elegir–.
- ☐ El sesgo de negatividad es nuestra configuración predeterminada –ser consciente de ello y tener algo de perspectiva–.
- ☐ Aprender de las emociones –ponles nombre para afirmarlas–.
- ☐ Entender cómo funciona el estrés y cómo lo sientes.
- ☐ Conocer las estrategias de afrontamiento del estrés y buscar opciones.
- ☐ Reconocer cuándo estás en una zona OK, fuera de ella o entre medias.
- ☐ Investigar conversaciones y mensajes estresantes.
- ☐ Actividades energizantes o agotadoras –elecciones–.
- ☐ Saber cómo crear un plan de autocuidado.
- ☐ Beneficios de la autocompasión y del autocuidado.

Anota brevemente un momento en el que hayas empleado alguna de estas habilidades en tu vida cotidiana después de haberla aprendido en este libro. ¿Qué ha ocurrido? ¿Qué te ha permitido hacer esa habilidad que antes no podías?

¿Has encontrado algo que no te haya resultado tan útil?

Qué más puedes probar

Ahora es el momento de reflexionar sobre el punto de partida, sobre lo que quieres conseguir y sobre cómo podrías lograrlo. Hagámoslo de una determinada manera. Más adelante encontrarás un cuadro en el que puedes dibujar el contorno de tu mano. Reflexiona sobre tus respuestas a estas preguntas y exprésalas con palabras, imágenes o colores.

Parte inferior del papel: ¿Por qué empezaste este cuaderno de trabajo?

Palma: ¿Cuáles eran tus intenciones al principio? ¿Qué esperabas conseguir?

Dedo meñique: ¿Cuáles han sido las habilidades, prácticas y conocimientos más interesantes y útiles?

Dedo anular: ¿Ha habido algún impacto en ti a nivel personal? ¿Ves algo o reaccionas a algo de forma diferente?

Dedo corazón: ¿Ha habido algún cambio en tu actitud o comportamiento hacia ti mismo o en tus relaciones?

Dedo índice: ¿Qué podría ayudarte a avanzar en la práctica de mindfulness? (por ejemplo, *apps*, alguna pequeña práctica diaria, amigos, un grupo de mindfulness)

Dedo pulgar: ¿Qué podría obstaculizar el mantenimiento de la práctica de mindfulness y el uso de las habilidades que has aprendido?

Espacio entre la mano: ¿Cuáles son tus esperanzas para el futuro? ¿Cómo puede ayudarte la práctica de mindfulness?

Práctica 21 Mirar hacia adelante –tu práctica de mindfulness–

Qué debes saber

Ahora ya has reflexionado sobre lo que has aprendido y has experimentado algunos de los beneficios que supone incorporar el mindfulness a tu vida. Como te habrás dado cuenta, hay muchos caminos para ser consciente. Tanto si eliges trabajar con una actitud –como la curiosidad o la compasión– como si decides prestar atención y elegir tu experiencia y tus reacciones en el momento presente, o usar las herramientas conscientes que has aprendido en tus relaciones, estás practicando el mindfulness.

Hemos determinado cinco áreas en las que podrías encontrar oportunidades para practicar aún más habilidades de mindfulness en el futuro. Puedes considerar estas áreas como las ramas de un árbol, separadas pero relacionadas. Y al igual que un árbol crece a partir de una semilla, también tu práctica puede empezar poco a poco y crecer con fuerza.

Qué puedes probar

Las oportunidades para practicar son momentos de nuestra vida en los que podemos elegir poner en práctica la conciencia plena y descubrir lo que nos puede ofrecer (Freedman, 2018). Podemos planificar estas oportunidades o aprovecharlas cuando surjan. Recuerda, cuantas más habilidades de mindfulness podamos aportar a las oportunidades para practicar, más estaremos cambiando intencionalmente nuestro cerebro para que responda al estrés de formas más útiles o adaptativas, y más resilientes, tranquilos y compasivos nos volveremos. Para empezar, lee las descripciones de cada subdivisión, elige una que te interese y te parezca manejable, y escoge una forma de practicar en el futuro. Si planificas tu práctica de este modo, es más probable que la lleves a cabo.

- **Responder de forma consciente**

Podemos hacer una pausa para sentir curiosidad por un acontecimiento agradable o desagradable en el momento, prestando atención a propósito y respondiendo, no reaccionando automáticamente. Prestar atención a tu mundo interno de este modo crea cierto espacio entre lo que se te presenta y lo que haces habitualmente o de inmediato. Esto puede proporcionar otras perspectivas sobre lo que ocurre y más opciones. Puedes emplear las prácticas de STOP, la comprobación consciente o el cambio consciente como herramientas para crear este espacio.

- **Práctica formal**

La mayoría de las personas se benefician de la estructura a la hora de aprender algo. Las prácticas formales implican un tiempo planificado para dedicarse al mindfulness, de un modo específico –tal vez quedarse quieto y usar las sensaciones de la respiración como foco de atención durante unos quince minutos, o durante un período de movimiento consciente–. Existen muchos tipos de prácticas formales o de meditación. Las prácticas formales siguen proporcionando una forma de ver cómo funcionamos como seres humanos y de ser conscientes de nuestros hábitos individuales de la mente, del cuerpo y de las emociones. Por ejemplo, puedes practicar observando cómo surge un pensamiento, reconociéndolo y eligiendo dónde quieres que esté tu atención –siguiendo el pensamiento, volviendo a tu cuerpo y a lo que sientes ahora, o yendo a otra parte–. Esto te ayuda a entrenar tu atención, a desarrollar tu conciencia y a comprenderte mejor a ti mismo. Y, en última instancia, te ayuda a ser el jefe de tu cerebro.

- **Práctica informal**

A lo largo del día, tenemos muchas oportunidades para prestar atención deliberadamente al momento presente y entrar en razón, dando descanso a nuestro modo hacer. Dicho con otras palabras, la práctica informal consiste en incorporar la conciencia plena a algo que ya estamos haciendo. Por ejemplo, cuando estás comiendo un trozo de chocolate, puedes prestar toda tu atención al sabor durante los primeros bocados, o a su textura. A veces solo queremos agitar las cosas –interrumpir nuestra tendencia a vivir en nuestras cabezas, en el pasado y en el futuro–, y las experiencias informales de mindfulness y la atención a lo que estamos haciendo y sintiendo pueden ayudarnos a conseguirlo. El otro beneficio de la práctica informal es la capacidad de apreciar plenamente algunas de las alegrías y placeres de la vida que normalmente pasaríamos por alto.

- **Relacionarse de forma consciente**

Hay muchas oportunidades para ser consciente de cómo te relacionas contigo mismo, con los demás y con el mundo, así como para advertir cómo se relacionan los demás contigo. Advierte cómo te relacionas contigo mismo cuando cometes un error. ¿Te castigas o reconoces que es una oportunidad para aprender y crecer? Relacionarse de forma consciente puede consistir en interactuar con mayor conocimiento. Podrías practicar prestando toda tu atención a lo que está ocurriendo realmente en una conversación, sin las presunciones y limitaciones que suelen influir en nuestra forma de relacionarnos, o puedes fijarte en cómo te relacionas con el clima. Está lloviendo y puedes observar cómo reaccionar ante ello, pero también puedes hacer una pausa y considerar si puedes relacionarte con ello de otro modo. Con conciencia plena o un cambio de actitud consciente, podrías elegir responder de otro modo. ¿Cantar bajo la lluvia?

- **Actitudes**

Podemos reconocer que las actitudes con que afrontamos nuestras experiencias les dan forma, tanto de un modo positivo como negativo. Tienen un gran efecto en cómo vemos, pensamos y sentimos las cosas. Cuando te encuentras con cosas que te hacen sentir enfadado, triste o cansado, a menudo puede parecer que lo que sientes es solo lo que sientes, y que no puedes hacer nada al respecto. Pero ¿sabes qué? En realidad, somos libres de tener otras actitudes ante las cosas que experimentamos –a las que ya podemos acceder–.

Digamos que reconoces que te sientes impaciente. Esta es tu oportunidad para hacer una pausa, probar la paciencia y ver qué cambia, si es que cambia algo. Y si la respuesta es: «Nada» y sigues sintiéndote impaciente, ¡no pasa nada! Tal vez descubras que la experiencia de probar la paciencia hace que resulte un poco más fácil de manejar. O quizá hayas descubierto que lo que te impacienta es algo que realmente te importa, y *por eso* te sientes impaciente. Trabajar con las actitudes puede darte más información y opciones sobre cómo te relacionas contigo mismo, con los demás y con el mundo.

¿Qué crees que pasaría si trabajaras con una de las actitudes conscientes en diferentes situaciones durante una semana? Cuando surja un problema, ¿podrías intentar sentir primero **curiosidad** en vez de reaccionar, **aceptar** las cosas tal como son como punto de partida en vez de desear que fueran diferentes, **darte cuenta** de cuándo te juzgas a ti mismo o a los demás con dureza, y **dejarlo ir** al menos por ahora (ya que, a menudo, juzgarse a uno mismo y a los demás hace más mal que bien)?

¿Con cuál de estas cinco subdivisiones te apetece experimentar durante la próxima semana?

¿Qué oportunidades para practicar puedes ver en esta área en tu día a día? ¿Cómo aprovecharás estas oportunidades durante la próxima semana?

Una vez que hayas tenido la oportunidad de practicar una habilidad en esta área unas cuantas veces, anota cómo ha ido la experiencia. ¿Qué ha cambiado, si es que ha cambiado algo? ¿Cómo puedes seguir trayendo esta habilidad a tu vida? O, si lo prefieres, puedes escribir sobre qué área del mindfulness quieres trabajar a continuación, y cómo.

Qué más puedes probar

Hacer del mindfulness una parte de tu vida implica utilizar recursos para apoyar tu práctica. Los recursos pueden ser internos, como las prácticas formales e informales, las actitudes y ciertos rasgos de la personalidad, como la perseverancia, la apertura y la organización. Otros recursos son externos, como las personas, los lugares y las cosas.

Céntrate en algunos recursos externos a ti, piensa en los siguientes y marca los que pueden ayudarte a seguir viviendo de forma consciente. Elige uno e investígalo.

Personas: ¿Hay personas en tu vida que podrían actuar como compañeros de mindfulness? ¿Podrías practicar y experimentar con ellas valiéndote de las habilidades de mindfulness que has aprendido?

Grupos: Busca en Google «grupos de mindfulness» en general o en tu zona (si quieres reunirte en persona) y comprueba los resultados. Considera la posibilidad de asistir a un grupo de reducción de estrés basada en mindfulness o, si tiendes a sufrir ansiedad o depresión, a un grupo de terapia cognitiva basada en mindfulness. Si sueles ser muy duro contigo mismo, ¿por qué no pruebas un grupo de mindfulness y autocompasión?

***Apps*, pódcast, YouTube y grabaciones de audio:** Hay muchos modos de seguir explorando las ideas o actividades de este cuaderno de trabajo que te hayan parecido interesantes y/o útiles. Puedes buscar meditaciones que te apetezca escuchar; Insight Timer tiene muchas entre las que elegir, aunque hay muchas otras *apps*.

Libros: Piensa en aspectos concretos del mindfulness sobre los que te gustaría aprender más y comprueba lo que está disponible en Internet o en tu biblioteca o librería local.

Qué más puedes probar

Un contrato de vida consciente puede ser una forma de mantener viva tu práctica, motivándote a seguir aprendiendo el modo de usar los conceptos, las actitudes, las meditaciones, los ejercicios y las oportunidades para practicar que hemos tratado.

En la web de Desclée encontrarás un contrato que puedes descargar e imprimir.

https://www.edesclee.com/colecciones/amae/cuaderno-de-trabajo-de-mindfulness-para-adolescentes

Escribe tres intenciones que te ayuden a vivir de forma consciente. Haz que estas intenciones sean manejables y concretas, y asegúrate de que tienen un principio y un final definidos. Por ejemplo, podrías decir: «Me propongo hacer una práctica breve de conciencia de la respiración al despertarme dos veces esta semana», o: «Tengo la intención de dedicarme a escuchar atentamente durante cinco minutos cuando mantenga hoy una conversación con alguien».

Mi contrato de vida consciente

Mi intención es ______________________________

____

______ veces por semana durante las ______ próximas semanas.

Mi intención es ______________________________

____

______ veces por semana durante las ______ próximas semanas.

Mi intención es ______________________________

____

______ veces por semana durante las ______ próximas semanas.

Una vez que hayas redactado el contrato, colócalo en un lugar donde puedas verlo a diario para que te ayude a hacer de estas prácticas una forma de ser. Puedes cambiar el contrato siempre que lo consideres necesario. La regularidad en la práctica durante un cierto período de tiempo ayuda a desarrollar habilidades, y cambiar las cosas también mantiene las cosas frescas.

Recuerda que el mindfulness es tanto una forma de hacer como una forma de ser. Y recuerda que un poco de práctica regular es mejor que ninguna práctica. La clave aquí está en continuar desarrollando tu conciencia y tus habilidades para ver tu mundo interior y trabajar con él. Así tendrás más opciones sobre cómo responder, sea cual sea la situación –pero especialmente cuando las cosas son desafiantes–.

Tener más formas de hacer frente a las emociones y a las situaciones de la vida difíciles significa que podemos estar en mejores condiciones de lidiar de forma sana y amable con aquello a lo que hacemos frente, y de elegir lo que es mejor para nosotros. Y no olvides que el mindfulness también nos aporta más alegría por las pequeñas y grandes cosas de la vida; cuando eres consciente, te muestras más abierto y receptivo a asimilar lo asombroso.

El mindfulness no solo te beneficia a ti, sino también a las personas que te rodean. Desarrollar la claridad y la capacidad de prestar atención que te proporcionan el mindfulness te permite tratarte a ti mismo y a los demás con más amabilidad y compasión. Tan solo tenemos que acordarnos de llevar la práctica de mindfulness a nosotros mismos, a los demás y al mundo.

Referencias bibliográficas

FIELD, T. 2010. "Touch for Socioemotional and Physical Well-Being: A Review". *Developmental Review* 30: 367-383.

FREEDMAN, M. L. 2018. In conversation, Toronto, Ontario.

HANSON, R. 2009. *Buddha's Brain: The Practical Neuroscience of Happiness, Love and Wisdom.* Oakland, CA: New Harbinger Publications (trad. esp.: *El cerebro de Buda: la neurociencia de la felicidad, el amor y la sabiduría*, Ediciones Milrazones, Santander 2011).

KABAT-ZINN, J. 1990. *Full Catastrophe Living: Using the Wisdom of Your Body and Mind to Face Stress, Pain, and Illness.* Neva York: Delacorte Press (trad. esp.: *Vivir con plenitud las crisis. Cómo utilizar la sabiduría del cuerpo y de la mente para afrontar el estrés, el dolor y la enfermedad*, Kairós, Barcelona 2004).

KUYKEN, W, E. WATKINS, E. HOLDEN, K. WHITE, R. S. TAYLOR, S. BYFORD, A. EVANS, S. RADFORD, J. D. TEASDALE, y T. DALGLEISH. 2010. "How Does Mindfulness-Based Cognitive Therapy Work?". *Behaviour Research and Therapy* 48(11):1105–12.

NEFF, K. 2011. *Self-Compassion: The Proven Power of Being Kind to Yourself.* Harper Collins (trad. esp.: *Sé amable contigo mismo. El arte de la compasión hacia uno mismo*, Paidós, Barcelona 2016).

SEGAL, Z. V., J. M. WILLIAMS, y J. D. TEASDALE. 2002. *Mindfulness-Based Cognitive Therapy for Depression: A New Approach to Preventing Relapse.* Nueva York: Guilford Press (trad. esp.: *Terapia cognitiva de la *depresión basada en la consciencia plena. Un nuevo abordaje para la prevención de las recaídas*, Desclée De Brouwer, Bilbao 2006).

— 2013. *Mindfulness-Based Cognitive Therapy for Depression*. 2ª ed. New York: Guilford Press (trad. esp.: *MBCT. Terapia cognitiva basada en el mindfulness para la depresión*. Edición revisada, Kairós, Barcelona 2017).

Selye, H. 1973. "The Evolution of the Stress Concept: The Originator of the Concept Traces Its Development from the Discovery in 1936 of the Alarm Reaction to Modern Therapeutic Applications of Syntoxic and Catatoxic Hormones". *American Scientist*, 61(6), 692-699.

Smookler, E. 2017. "How to Practice Mindful Listening." *Mindful Magazine*, February issue number 24, Anthem Publishing. Online Marzo 2017, Retrieved from mindful.org/how-to-practice-mindful-listening/ August 25, 2021.

Woods, S. L., P. Rockman, y E. Collins. 2019. *Mindfulness-Based Cognitive Therapy: Embodied Presence and Inquiry in Practice*. Oakland, CA: New Harbinger Publications.

Agradecimientos

Nos gustaría expresar nuestra gratitud al gran linaje y a la comunidad de maestros de mindfulness, a nuestros maestros en particular (vosotros sabéis quiénes sois) y al Centre for Mindfulness Studies. Este cuaderno de trabajo no sería posible sin ellos. También nos gustaría darles las gracias a todos los trabajadores de primera línea y a los jóvenes que participaron y ayudaron a dar forma al Grow Mindfulness for Youth Project, desarrollado a partir de una subvención de la Ontario Trillium Foundation (OTF) y producido por el Centre for Mindfulness Studies Community Program. También ellos inspiraron este cuaderno de trabajo. Por último, nos gustaría agradecer a los jóvenes que nos aportaron sus ideas y su *feedback* sobre el manuscrito. Entre ellos, Taylor Young, Casey Fulford, Jennifer MacDermid y Heather Sorenson.

Patricia Rockman, MD, es médica de familia especializada en salud mental. Es profesora asociada en el Departamento de Medicina Familiar y Comunitaria en la Universidad de Toronto y cofundadora del Centre for Mindfulness Studies en Toronto, ON, Canadá. Es oradora pública, desarrolla planes de estudios y enseña y asesora en terapia cognitiva basada en mindfulness (MBCT, por sus siglas en inglés, mindfulness-based cognitive therapy) y en reducción de estrés basada en mindfulness (MBSR, por sus siglas en inglés, mindfulness-based stress reduction).

Allison McLay, DCS, RP, es psicoterapeuta titulada y profesora del Centre for Mindfulness Studies. Enseña MBCT y MBSR, y forma a profesionales sanitarios en la aplicación de estas modalidades. Fue autora de desarrollo curricular del programa de mindfulness para jóvenes del Centre for Mindfulness Studies.

M. Lee Freedman, MD, CM, FRCP(C), es psiquiatra de niños, adolescentes y familias en Toronto. Tiene experiencia en la integración de la formación en mindfulness en su trabajo terapéutico con jóvenes y adultos que necesitan ayuda con problemas de salud mental.

Títulos recomendados

Colección: AMAE

ISBN: 978-84-330-3236-2

Páginas: 384

Encuadernación: Rústica con solapas

Formato : 15,5 x 21,5 cm

Edición: 1ª

Leticia Garcés Larrea

Infancia bien tratada, adolescencia bien encaminada

La educación de los hijos está condicionada, aunque no determinada, por nuestra propia infancia, por eso es tan importante revisar qué tipo de autoestima tenemos antes de entrar en la maternidad, porque las heridas emocionales, aunque no se borran, se pueden sanar o al menos podemos aprender a vivir con ellas para educar sin dañar y de forma emocionalmente competente.

La adolescencia se inicia en la infancia, cuando tienes un bebé en brazos, se desarrolla cuando atiendes una rabieta con amor y se disfruta cuando pasan de los veinte, por eso conviene llegar a la adolescencia pasando por una infancia sana.

Para educar no hay recetas mágicas ni manual de instrucciones, sin embargo, existen suficientes razones para creer que la Parentalidad Positiva, que es el estilo educativo con más respaldo científico que conocemos, nos permite educar de forma más consciente y respetuosa sin necesidad de recurrir a premios ni castigos, como fuimos educados la gran mayoría. Los temas que se van a tratar a lo largo del libro tienen que ver con la parentalidad positiva, la gestión de las rabietas, la diferencia entre castigos, consecuencias y límites, el ejercicio de los buenos tratos y la llegada de la adolescencia, todos ellos desde la revisión continua de nuestra mirada hacia la infancia.torias o inicios diferentes.

Colección: AMAE
ISBN: 978-84-330-3203-4
Páginas: 224
Encuadernación: Rústica con solapas
Formato : 15,5 x 21,5 cm
Edición: 1ª

Marina Escalona del Olmo

"Mamá, me he parado por dentro"

Cómo cuidar el motor interior de tu hijo

Educar no es una fórmula aprendida y fija, sino una aventura vital que te reta una y otra vez a revisar quién eres y cómo quieres vivir. Nos lo recuerda la educadora Marina Escalona en estas páginas llenas de reflexiones y preguntas. Una invitación inspiradora y enriquecedora para descubrirnos y crecer en familia. —Elsa Punset

Los niños, adolescentes y jóvenes de hoy en día son, por desgracia, protagonistas de periódicos y estadísticas por el creciente numero de crisis de ansiedad, depresiones, trastornos alimenticios y suicidios que sufren. Crisis que se han agudizado y hecho más visibles en estos años de pandemia. Su motor interior, ese sofisticado engranaje de emociones, pensamientos y acciones, no encuentra la forma de fluir con los dolores cotidianos y este cúmulo de interrogantes y desatenciones se convierte en una carga insostenible.

Este libro ofrece una mirada nueva y recursos concretos y aplicables en el día a día para hacer de cualquiera de las pruebas que nuestros hijos y alumnos se encuentran en el camino una oportunidad de crecimiento, de creatividad, de confianza, de libertad no exenta de responsabilidad, de fuerza vital. Miremos la vida como un juego donde padres e hijos; adultos, niños y jóvenes, podemos pasar de ser pasivos sufridores de sus trampas, a ser jugadores conscientes, co-creadores de todos sus movimientos, para no dejar nunca de crecer en ellos. Lo importante es saber desde dónde vivimos cada mañana la partida que nos ofrece el día. Tomar conciencia de esto puede cambiar completamente la vida y volver a poner en marcha nuestro motor interior.

Colección: AMAE
ISBN: 978-84-330-3217-1
Páginas: 120
Encuadernación: Rústica con solapas
Formato: 15,5 x 21,5 cm
Edición: 1ª

Bernardo Ramallo

Hijos emperadores, padres que obedecen

Cómo manejar los límites en la crianza

¿Eres padre o madre? ¿Te has preguntado alguna vez cuál es tu papel en la vida de tus hijos? Hoy en día, la crianza de los hijos se ha vuelto cada vez más importante, pero ¿realmente estamos prestándoles la atención que merecen?

Este libro trata sobre la importancia de la calidad de la crianza en los años sagrados de la infancia y la adolescencia, en los que nuestros hijos se están formando. No podemos permitir que se conviertan en emperadores a los que rendir pleitesía, ni perder nuestro rol como padres. Es hora de combatir la preocupante tendencia abandónica del rol de padres que se está viendo cada vez más. Hay muchos hijos "desabrigados" que necesitan una atención verdadera de sus padres.

Este libro te invita a hacerte una pregunta trascendental: ¿cuánto podrías cambiar el mundo si mejoraras la calidad de la crianza de tus hijos? Ellos necesitan que los llenes de cariño, que les dediques tu tiempo y que les proporciones herramientas para enfrentarse a la vida.

Aquí descubrirás cómo puedes conquistar una relación basada en el amor y el respeto con tus hijos, y cómo asegurarte de que reciban la mejor crianza posible. Es hora de asumir nuestra responsabilidad como padres y de hacer una diferencia en el mundo a través de nuestros hijos.

Colección: AMAE

ISBN: 978-84-330-3197-6

Páginas: 352

Encuadernación: Rústica con solapas

Formato : 15,5 x 21,5 cm

Edición: 1ª

Marshall N. Lyles, Linda E. Homeyer

Terapia avanzada de la caja de arena

De la disociación a la integración

Terapia avanzada de la caja de arena profundiza en las habilidades de los profesionales de la salud mental a fin de comprender y aplicar la terapia sandtray.

Los capítulos muestran a los lectores cómo integrar la teoría clínica con el trabajo en la arena, lo que da como resultado un trabajo terapéutico más centrado. El libro, que usa los fundamentos básicos como piedras angulares, examina con más detalle los entresijos del trabajo con el apego y el trauma, y muestra a los terapeutas cómo trabajar a través de la secuencia del tratamiento y teniendo en cuenta también las experiencias traumáticas y los problemas de apego de los clientes.

Este texto es una guía vital para cualquier profesional clínico interesado en asociar la terapia sandtray al trabajo que ya realiza con los clientes, así como para los estudiantes de programas de posgrado en profesiones relacionadas con la salud mental.

AMAE

Directora: Loretta Cornejo Parolini

Adolescencia: la revuelta filosófica, por Ani Bustamante (2ª ed.)

El síndrome de Salomón. El niño partido en dos, por María Barbero de Granda y María Bilbao Maté (2ª ed.)

La adopción: Un viaje de ida y vuelta, por Alfonso Colodrón Gómez-Roxas

Esto, eso, aquello... también pueden ser malos tratos, por Ángela Tormo Abad

La adolescencia adelantada. El drama de la niñez perdida, por Fernando Maestre Pagaza (2ª ed.)

Riqueza aprendida. Aprender a aprender de la A a la Z, por Roz Townsend

Los padres, primero. Cómo padres e hijos aprenden juntos, por Garry Burnett y Kay Jarvis

PNL para profesores. Cómo ser un profesor altamente eficaz, por Richard Churches y Roger Terry (2ª ed.)

EmocionArte con los niños. El arte de acompañar a los niños en su emoción, por Macarena Chías y José Zurita (2ª ed.)

Muñecos, metáforas y soluciones. Constelaciones Familiares en sesión individual y otros usos terapéuticos, por María Colodrón (2ª ed.)

Madre separada. Cómo superan las mujeres con hijos la separación, por Katharina Martin y Barbara Schervier-Legewie (2ª ed.)

Rebelión en el aula. Claves para manejar a los alumnos conflictivos, por S. Cowley

¿Hay algún hombre en casa? Tratado para el hombre ausente, por Aquilino Polaino

Cyber Bullying. El acoso escolar en la era digital, por Robin Kowalski, Susan Limber y Patricia Agatston

222 preguntas al pediatra, por Gloria Cabezuelo y Pedro Frontera

Borrando la "J" de Jaula. Cómo mejorar el funcionamiento del aula. La educación desde una perspectiva humanista, por Isabel Cazenave Cantón y Rosa Mª Barbero Jiménez

Porque te quiero. Educar con amor... y mucho más, por Pilar Guembe y Carlos Goñi (3ª ed.)

Focusing con niños. El arte de comunicarse con los niños y los adolescentes en el colegio y en casa, por Marta Stapert y Eric Verliefde (2ª ed.)

Los cuentos de Luca. Un modelo de acompañamiento para niñas y niños en cuidados paliativos, por Carlo Clerico Medina

Familias felices. El arte de ser padres, por Trisha Lee, Steve Bowkett, Tim Harding y Roy Leighton

Mi aula de bebés. Guía práctica para padres y educadores infantiles, por Beatriz Ocamica Garabilla (2ª ed.)

Los niños, el miedo y los cuentos. Cómo contar cuentos que curan, por Ana Gutiérrez y Pedro Moreno (3ª ed.)

¿Todo niño viene con un pan bajo el brazo? Guía para padres adoptivos con hijos con trastornos del apego, por José Luis Gonzalo Marrodán y Óscar Pérez-Muga (2ª ed.)

El acoso escolar en la infancia. Cómo comprender las cuestiones implicadas y afrontar el problema, por Christine Macintyre

El espacio común. Nuevas aportaciones a la terapia gestáltica aplicada a la infancia y la adolescencia, por Loretta Zaira Cornejo Parolini

Primeros auxilios para niños traumatizados, por Andreas Krüger

Construyendo puentes. La técnica de la caja de arena (sandtray), por José Luis Gonzalo Marrodán (3ª ed.)

Educar sin castigar. Qué hacer cuando mi hijo se porta mal), por Pilar Guembe y Carlos Goñi (2ª ed.)

Como pienso soy. Tratamiento para niños con dificultades de atención e impulsividad, por verónica Beatriz Boneta Osorio

Habilidades en *counselling* y psicoterapia gestálticos, por Phil Joyce y Charlotte Sills

Acción tutorial y orientación: aceptación, compromiso, valores. Una propuesta de estilo para la intervención de tutores y orientadores, por Ramiro Álvarez

Elegir la vida. Historias de vida de familias acogedoras, por Pepa Horno Goicoechea

El niño divino y el héroe, por Claudio Naranjo (2ª ed.)

El gemelo solitario, por Peter Bourquin y Carmen Cortés (3ª ed.)

Mindfulness para profesores. Atención plena para escapar de la trampa del estrés, por Nina Mazzola y Beat Rusterholz (2ª ed.)

Educar amando desde el minuto cero. Ideas que pueden ayudar a los nuevos padres para educar mejor desde un principio, por Paloma López Cayhuela

Cómo ayudar a los niños a dormir: técnica del acompañamiento. Una nueva manera de enseñar a dormir sin sufrir, por Sonia Esquinas

Es que soy adolescente ... y nadie me comprende, por Pilar Guembe y Carlos Goñi (2ª ed.)

El nuevo ideal del amor en adolescentes digitales. El control obsesivo dentro y fuera del mundo digital, por Nora Rodriguez

Vincúla*te*. Relaciones reparadoras del vínculo en los niños adoptados y acogidos, por José Luis Gonzalo Marrodán (3ª ed.)

Érase una vez el perdón. Un itinerario hacia el perdón y la reconciliación en el counselling a través de los cuentos, por Ana García-Castellano García (2ª ed.)

Porque os quiero a los dos. Pedagogía sistémica para padres y profesionales de la educación, por Barbara Innecken

Adolescencia: mitos y enigmas, por Gerardo Castillo Ceballos

Sal de tu mente y entra en tu vida para adolescentes. Una guía para vivir una vida extraordinaria, por Joseph V. Ciarrochi, Louise Hayes, Ann Bailey (2ª ed.)

Trastornos de alimentación y autolesiones en la escuela. Estrategias de apoyo en el medio escolar, por Pooky Knightsmith

20 ideas básicas para ayudar a crecer a tus hijos. Cuaderno de notas, por Chandra Atkinson

Mírame, siénteme. Estrategias para la reparación del apego en niños mediante EMDR, por Cristina Cortés Viniegra (7ª ed.)

Educar entre dos, por Pilar Guembe y Carlos Goñi

Educando la alegría, por Pepa Horno Goicoechea (2ª ed.)

La armonía relacional. Aplicaciones de la caja de arena a la traumaterapia, por José Luis Gonzalo Marrodán y Rafael Benito Moraga (2ª ed.)

La magia está en tu interior. Meditación para niños, guía para padres, por Patricia Zubizarreta Canillas

Conversando con Erik. Una mirada gestáltica y relacional en la terapia y educación con niños y adolescentes, por Loretta Zaira Cornejo Parolini y Erik Baumann Cornejo

El convivenciario. Cuentos con valor, por Juan Lucas Onieva López

La danza de las emociones familiares. Terapia Emocional Sistémica aplicada con niños, niñas y adolescentes, por Mercedes Bermejo Boixareu (2ª ed.)

Adopción, trauma y juego. Manual para tratar a los niños adoptados y maltratados a través del juego, por Montse Lapastora y Noelia Mata (2ª ed.)

Técnica de Reparentalización con Muñecos. Juanita y el despertar del Niño resiliente que todos llevamos dentro, por Alicia Gadea

El eneagrama infantil. Amar su cambio, apoyar su proceso, comprender su carácter, por Luis Arribas de la Rubia (2ª ed.)

El juego de conocerse. Un método de desarrollo integral del niño, por Marcela Çaldumbide, Ainhoa Uribe, Sara Veneros

Cuentos con emoción, por Eugenio Maqueda Cuenca, Juan Lucas Onieva López

Cuentos para sanar y crecer felices. Autoestima y ansiedad, por María Azucena Villén

Musicoterapia. Abordaje de Salud mental infanto juvenil, por Miguel Ángel Diví

El daño que se hereda. Comprender y abordar la transmisión intergeneracional del trauma, por Carlos Pitillas Salvá (2ª ed.)

Poniendo alma al dolor. Intervención terapéutica con niños, niñas y adolescentes víctimas de abuso sexual infantil, Coordinación: Pepa Horno Goicoechea; y Elena González Hernández - Carolina Moñino Bermejo - Carmen Ruiz Hernández

Psicología del bebé adoptado, Montse Lapastora

Última llamada en la frontera. Prevención de las conductas suicidas en adolescentes, Francisco Javier Díaz Calderón

La magia de los niños. Guía práctica para educar en la vida real, Gemma Díaz Ruiz

"Mamá, me he parado por dentro". Cómo cuidar el motor interior de tu hijo, Marina Escalona del Olmo

Hijos emperadores, padres que obedecen. Cómo manejar los límites en la crianza, Bernardo Ramallo

Infancia bien tratada, adolescencia bien encaminada, Leticia Garcés

Cuaderno de trabajo de *mindfulness* para adolescentes. Habilidades poderosas para encontrar la calma, desarrollar la autocompasión y aumentar la resiliencia, Patricia Rockman, MD, Allison McLay, DCS, M. Lee Freedman, MD

¿Cómo puedo salir de aquí?, por Cristina Cortés Viniegra

Los Abracadabrantes de Bojiganga y las emociones desbordadas, por Mª José Lamas

Psicopatología infantil, por Georgia Ribes y Roberto Calvo

Mi familia me hace feliz, por Monse Lasconi

Mirándome con amor, por Noelia Mata, Montse Lapastora, Raquel Fariñas

Cuéntame cuando sí anidé en una tripa y sí nací, por Cristina Cortés Viniera, Lorea Larraya - June García

El invernadero semillero, Cristina Cortés Viniegra, Zuzene Seminario

Esculpiendo palabras en la arena, Cristina Cortés Viniegra, Zuzene Seminario